マッチングアプリ（無料）で最高に幸せな結婚をする方法

MATCHING
APPLICATION
WEDDING

婚活アプリ
コンサルタント
涼子
Ryoko

はじめに

はじめまして。わたしはマッチングアプリで結婚した涼子と申します。仕事は株のトレーダーをやっています。

マッチングアプリに登録したのは40歳の誕生日直前、そこから婚活を始め、42歳の誕生日にプロポーズをもらい、令和元年（２０１９年）に入籍しました。

わたしは未婚、夫は離婚歴ありの子なしカップルです。

活動期間は丸2年、メッセージのやりとりをした方は５００人以上、直接お会いした方は50人以上に及びます。

利用したのは無料で使えるマッチングアプリのみです。

結婚相談所、婚活パーティ、結婚情報サービス、街コン（※）、などは一度も使いませんでした。

婚活中、わたしは株取引をやってることと資産についてはいっさい秘密にしていました。なぜなら女性の経済力は恋愛市場においてまったくプラスの魅力にはならないという信念を持っていたからです。

なので「年収３００万円のフリーランス」として、そのへんにいるアラフォー女性ということで活動していました。

右も左もわからないまま始めたマッチングアプリでしたが、試行錯誤を繰り返すうちに、**婚活も株取引とよく似てルールがあり、適切なタイミングで適切な手を打てば結果が出るということがわかってきました。**

「これ、最初から知っていたら、もっとうまく活動できただろうな」

と思い、婚活を通して思ったことや、婚活方法についてツイッターで発信し始めたところ、フォロワーは1万人を超え、参考にされた方から「お付き合いが始まった！」「変な男性に出会わなくなった！」「結婚した！」というご報告をいただくようになったのです。

そのあと開設したブログでは「お悩み相談」を始めました。するとこちらにも多数のご相談が寄せられ、まだまだアプリ婚活で悩んでる方、迷ってる方が多いことを実感しました。

この本には、そんなわたしの婚活経験と1000件を超える相談実績から得られた知見をすべて盛り込んであります。すぐに使えるノウハウから、基本的な心構えまで、なるべくわかりやすく書きました。

「実録編」では、わたしの2年に及ぶマッチングアプリを使った婚活体験をお話ししています。そのあと、具体的な婚活方法として、登録編→マッチング編→初アポ編→交際編→婚約・結婚編とステップ別にまとめ、いまご自身がいる進捗に合わせて読めるような構成になっています。

すでにマッチングアプリで婚活されている方、特にわたしと同世代でアラフォー婚活の難しさを実感されている方には、共感していただける部分もあるかもしれません。また、これからマッチングアプリを始めてみたいという方には、ひとつの参考事例としてご覧いただければと思います。活動イメージのヒントになれば嬉しいです。

「40代でも、お金をかけなくても、マッチングアプリで結婚できる！」
と、みなさんに希望を持っていただけたら幸いです。

涼子

※街コン……地域振興を目的とした大規模なコンパイベント。

目次

マッチングアプリ（無料）で最高に幸せな結婚をする方法

はじめに……02

涼子のマッチングアプリ婚活　実録編

ずっと結婚に後ろ向きだった……20
株取引にハマる……22
マッチングアプリに登録……25
婚活スイッチが入る……27
初めてのアポ……29
プロフィールに騙される……33
フェードアウトで終わった彼氏……36
夫と運命の出会い……40

交際からプロポーズまで 44
コラム① マッチングアプリで結婚した人 48

Step 1 登録編

1 出会い系サイトとマッチングアプリの違い 54
2 中高年の登録者も多い 56
3 マッチングアプリ最大のメリット 57
4 アプリで結婚した人のほうが幸せ? 58
5 おすすめ婚活アプリ4選 61
【おすすめアプリ①】youbride(ユーブライド) 63
【おすすめアプリ②】Yahoo!パートナー 64
【おすすめアプリ③】Omiai(オミアイ) 66
【おすすめアプリ④】Pairs(ペアーズ) 68

6 登録するなら金曜日 70
7 住まいの書き方 70
8 ニックネームのつけ方 72
9 美人写真を撮る3つのコツ 74
10 全身写真も必ず載せる 78
11 写真はモニタでチェック 80
12 ダイエットで外見3割増し 82
13 初回デート費用は「空欄」を選ぶ 84
14 メガネ女子とスポーツ女子 85
15 165㎝以上なら身長アピール 86
16 レアな職業の女性、ハイスペ女性 88
17 一歩踏み込んだ趣味の書き方 90
18 住んだ場所、行った場所で親近感を出す 92
19 自己紹介は200〜300字 93

20 最初の50文字が重要……94
21 不定期休を選びチャンスを広げる……96
22 お断りより歓迎するタイプを書く……98
23 つぶやき機能で上位表示……99
24 コミュニティでキャラを出す……100
25 プロフによくあるNG表現集……102
26 これだけは避けたいブスしぐさ……104
27 恋活と婚活の違い……106
28 結婚までのアプリ運用ルール……108
コラム② 結婚相談所も検討したがやめた理由－1……111

Step 2

マッチング編

1 いいねを増やす方法……116

2 女性からいいねしてはいけない……118
3 いいねが多い＝モテてるわけではない……121
4 「男性がすべて払う」の人だけマッチング……122
5 最初のメッセージは男性から……125
6 職業は具体的に聞くべし……126
7 興味がわかないとき……127
8 即レスは価値。返事はじらさない……129
9 ＬＩＮＥ交換は２回以上会う人限定で……130
10 ＬＩＮＥで絆は作れない……132
11 タメ口で話しかけられたら……132
12 「他に会ってる人いる？」と聞かれたら……133
13 モテるでしょと言われたら……135
14 スペックは足切りとして使う……136
15 「いい人がいれば結婚したい」もマッチング……137

16 写真詐欺に遭わないために 138
17 変な写真を見たら「ラッキー」 140
18 メル友男に付き合うのは時間のムダ 141
19 キモい男に感謝せよ 143
20 アプリの人は「アプリの人だけ」で比べる 144
21 やる気がある男性の特徴 146
22 口先だけの男性の特徴 147
23 ネットワークビジネスの特徴 149
24 やりとりは1週間、10往復で充分 150
25 アポに誘わせる鉄板フレーズ 152
26 アポ決定後メッセが来ない 154
27 婚活は打算なのか 155
コラム③ 結婚相談所も検討したがやめた理由-2 158

Step 3

初アポ編

1 コロナ禍の初アポはオンラインで …… 164
2 ビデオ通話のコツ …… 165
3 初対面は写真と同じ格好で …… 168
4 対面アポの心構え …… 170
5 好感度を上げる身だしなみ15則 …… 171
6 男性から見て面倒な場所を指定する …… 174
7 おすすめ駅直結ホテルのカフェ …… 177
8 良い第一印象はあてにならない …… 181
9 動画でセルフチェック …… 183
10 会って初めてわかる新事実 …… 184
11 手土産はいらない …… 186
12 結婚願望は見せない …… 187
13 2回目につなげるには …… 189

14 ルーティン化する……191
15 趣味の話で盛り上がりすぎない……193
16 アポで使える質問……194
17 沈黙したら呼吸を合わせる……197
18 離婚理由は自分から言う……198
19 離婚理由の聞き方……199
20 捨てたのか捨てられたのか……202
21 名刺交換は別れ際にする……204
22 異業種交流会に切り替える……205
23 早朝・ランチ・遅夜アポもあり……206
24 必ずメモを取る……208
25 2軒目は行かなくていい……210
26 下ネタを言われたら本命ではない……211
27 交際まではテンポよく進める……213
28 まずは30人会ってみる……214

29 脈のアリナシ……216
30 フェードアウトされたら……219
コラム④ 婚活Q&A－1……221

Step 4

交際編

1 告白してもらうには……226
2 地蔵になればなめられない……229
3 お付き合い前に確認する4つのこと……231
4 デート代の考え方……235
5 独身証明書の取り方……239
6 「結婚前提」はなぜ重要なのか……240
7 誕生日を交際期限に……241
8 カミングアウトは告白後……242

9 いい人なのにときめかない……243
10 ボディタッチで刺激する……246
11 付き合う前のセックスはＮＧ……247
12 セックスしてからが本番……249
13 同時並行のコツ……251
14 恋愛遍歴は根ほり葉ほり聞く……253
15 家族構成の聞き方……256
16 絆を深める……259
17 損切りする勇気を持つ……261
18 お断りの仕方……263
19 休むも婚活……265
20 集中するなら連休に……266
21 同性の友人も選ぶ……268
22 婚活仲間作るべからず……269
23 男友達はいらない……272

24 激務くんとのお付き合い……273
25 地方在住者の婚活……274
26 マッチングアプリは確率ゲーム……277
コラム⑤ 婚活Q&A-2……281

Step 5

婚約・結婚編

1 結婚までのレールを敷く……286
2 彼のやる気は見逃さない……287
3 彼の親に会う……288
4 自分の親に会わせる……291
5 彼の不安をとりのぞく――金銭感覚……293
6 彼の不安をとりのぞく――束縛……294
7 指輪の希望は準備しておく……296

8 歳の差婚を考える……298
9 子持ち男性との結婚を考える……301
10 元カレが忘れられない……303
11 元カノには感謝する……304
12 浮気は見て見ぬふり……305
13 彼氏をアプリで発見したら……307
14 ザオラルが来たら……309
15 同棲する場合の注意点……310
16 既婚者の話に一喜一憂しない……313
17 親子ローンを組んでる人……315
18 実家暮らしの人……316
19 特定の宗教を信仰してる人……317
20 愛される秘訣……319
21 妥協すべきか……321
22 隠れヤリモクにご注意……322

23 モテ女性の勘違い……324
24 ハイスペ男性との結婚……326
25 ハイスペ男性の特徴……330
26 とりあえず産んでおくという選択……334
27 楽しいフォトウエディング……336
おわりに……340

【巻末付録】
アプリ婚活鉄則ルール13カ条
マッチングアプリで
安心・安全に婚活するために……345

デザイン　田中俊輔（PAGES）
編集協力　岡田澄枝・大熊真一
イラスト　吉岡香織（asterisk-agency）
印刷　シナノ書籍印刷

涼子の
マッチングアプリ婚活
実録編

ここからはわたしのマッチングアプリ婚活の体験談を
お話しします。婚活を始めたきっかけから、
アプリを選んだ理由、実際にデートを重ね、
夫と出会い結婚するまでです。
なお、お相手の職業や会話内容については、
本筋から外れない程度に脚色しています。

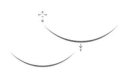

ずっと結婚に後ろ向きだった

わたしが婚活しようと思ったのは、40歳を過ぎてからでした。

それまで結婚についてまったく考えていなかったわけではありません。お付き合いしていた男性と将来の話をしたり、プロポーズされたこともあったのですが、結婚には踏み切れませんでした。

というのも、わたしには夭逝《ようせい》した幼い弟がおり、看病で苦労していた親の姿を間近に見ていたからです。弟は脳性マヒで一日中寝たきりの介護生活でした。自分でご飯を食べることも、話すことも、歩くこともできず、わずか4歳で亡くなってしまいました。

当時わたしは小学生でしたが、子どもながらに「子育てって大変だなあ。一生懸命尽くしても死んじゃうことがあるんだからなあ」と思った記憶があります。

ほかにも、近親者に遺伝要因による障害者手帳保持者もいました。障がいのせいで身内同士の関係が険悪になる場面も多々見ていました。なので、昔から子どもを持つことに強い不安があったのです。

28歳のとき、付き合っていた恋人にその話をすると、「子どもはいなくてもいいから結婚しよう」と言ってくれました。嬉しかった反面、「子作りを前提としない結婚なんてしていいのだろうか」という葛藤もありました。

また自分自身にも自信がありませんでした。経済的には自立し一人暮らしもしていましたが、「自分なんかに一人の男性と添い遂げることができるのだろうか」という気持ちもあったのです。

独身生活に未練があったとか、もっと遊びたかったというより、結婚から逃げていたといったほうが近いかもしれません。

ちょうど転職したばかりでバタバタしていたこともあり、結婚を前向きに考えられないまま、結局その彼とはお別れしてしまいました。

30歳目前になると同僚や友人たちはどんどん結婚、出産していきます。早くに結婚した同級生の子どもはもう小学生になっていました。そうやってみんなが人生のステージを変えていく姿を見ても、まだ、「うらやましい」というよりは「わたしには難しいな」という気持ちのほうが強くありました。

結婚に後ろ向きなわたしにとどめを刺したのがＦＸ（外国為替証拠金取引）です。ちょうどこの頃、ＦＸブームが始まり、わたしも口座を開き取引を始めました。ビギナーズラックで少し儲けたのを機に調子にのり、ハイレバレッジでバンバン取引していたところ、ポンド／円の下落に巻き込まれ４００万円を吹っ飛ばすという大失態を犯してしまったのです。

幸い仕事は順調だったので、生活費がなくなるということはなかったのですが、完全に結婚どころではない気分になってしまいました。なのでそのあとは、男性とは軽くデートすることはあっても、深入りしない生活がずっと続きました。

株取引にハマる

少し婚活の話から離れますが、ＦＸに懲《こ》りてから今度は株を始めました。財務諸表の読み方を独学で学び、決算短信や有価証券報告書を読むようになりました。

すると、上場企業といっても、自社の見せ方や情報開示には、企業ごとに実にいろいろな癖があることが見えてきました。荒唐無稽《こうとうむけい》に見える事業計画も、数字を見ればただのビッグマウスか、実現性のあるビジョンか、なんとなく見当がついてきます。経営者がポロっと発した一言や、資料に書かれている一語や、経済新聞の一行に本質が隠れていると思うこともよくありました。

のちにマッチングアプリを始めたとき、この洞察の経験はいい形で活きたと思います。見栄《みば》えや口車だけを信じるのではなく、根拠や裏付けをしっかりとること、細部まで目を光らせることが大事だと学びました。

ＦＸでは何も考えずノリや気分で取引していましたが、株の売買はきちんと自分なりの根拠をもって取引することを心がけました。落ち着いて取り組んだら勝率も上がり、５００万円で始めた資産を２０００万円まで増やすことができました。

こうなるともうデートをするより株価を見てるほうがわくわくするようになってしまい、ザラ場(寄り付きと引けの間の時間)を見ながらもっとテクニカルを磨きたいと会社員を辞め独立しました。独立といえば聞こえはいいのですが、実際はただの株ニートです。

その後アベノミクスやバイオベンチャーの大相場に乗れたラッキーが幸いして、さらに資産を大きく伸ばすことができました。

また仕事とは関係ないのですが、この頃から糖質制限も始めました。それまでのわたしは、スイーツやジュースは控えていたものの、米やパスタなど炭水化物はモリモリ食べていました。一緒に野菜もしっかり摂っており、太ってもいなかったので問題ないと思っていたのですが、糖質制限の第一人者である江部康二先生が、断糖の効果をテレビで話されているのを見て少し自分の食生活に疑問を持ったのです。

試しに炭水化物抜きの食事に変えてみたところ、体調が激変しました。頭がスッキリし、肌つやがよくなり、朝もパッと起きられるようになり、生理痛も軽くなりました。なによりメンタルがぐっと安定したのです。「もしかしていままでのわたしは体調不良だったのでは」と思うくらいさまざまな改善が見られたのです。

「これはすごい」と思ったわたしは、そこから本格的に糖質制限に関する書籍やブログを読み漁り、いかに低糖質な食生活を送るかばかりを考えるようになりました。

ということで恋愛からはとんとご無沙汰のまま、あっという間に数年が過ぎてしまいました。

マッチングアプリに登録

気づいたら30代も後半になり、資産も大台が見えてきました。ここまでくると、もはやお金は数字にしか見えず、株取引の感動もすこし薄れてきました。

そこで改めて自分のプライベートを振り返ったところ、全然充実してないことに気づいてしまったのです。長らく彼氏もおらずデートらしいデートもしていない。一方で友人には第二子が産まれたり、離婚して再婚し2人目のパートナーと仲良くやっている人もいる。

「毎日モニタに向かって〝売った、買った〟といったいわたしは何をやってるのか。このままずっと一人で本当にいいのだろうか。いまはよくても10年後、20年後に寂しくなって後悔したりしないだろうか」

これまではイマイチ自分に自信がなく、結婚にも前向きになれずにいましたが、30代である程度の財産を作れたのと、食生活の見直しによる体調の改善で、だいぶ気分が上がってきました。改めて女性としての幸せについて考え始めました。

そんな矢先、ネットでマッチングアプリの特集記事を見つけます。

最初は「ふーん、出会い系サイト？」などと思いながら読んでいましたが、最近は恋活・婚活アプリとして、真面目な出会いを求めている人たちも使っているとのこと。マッチングアプリで結婚したという若いカップルのインタビュー記事も載っていました。

「へー、マッチングアプリか〜」


アラフォーにもなるとまわりは既婚者だらけになり、なかなか新しい出会いも見つかりません。独身男性に会うこと自体が少なく、たとえ会えたとしてもその人が出会いを求めているとは限りません。そもそもわたしは家からあまり出ない生活をしていたので、本当に出会いがありませんでした。

しかしマッチングアプリなら、最初から出会いを求めた独身男女が登録しています。距離や時間の制約にしばられず、気が向いたタイミングで出会うことができるのです。

「なるほどねえ。アプリでパートナーを見つけるというのは合理的かもしれない……」

と、その記事を読んで思ったのです。

ただそうはいっても、

「わたしみたいないい年の女性が登録したところで、はたして相手にされるんだろうか。もうすぐ40歳だしなあ。まあでも無料だし、ダメもとでやってみようかしら」

くらいの軽い気持ちで登録してみました。

婚活スイッチが入る

マッチングアプリに登録してみると、そこには想像を超える世界が広がっていました。

会員は若い人ばかりだと思っていましたが、アラフォー以上の人もたくさん登録していました。日常生活では同世代の独身男性なんて会うことすらあまりありませんでしたが、マッチングアプリにはたくさんの同胞がいたのです。

とりあえずプロフィール欄を埋めて写真を登録してみると、一日で何十件ものいいねが来ました。年上だけではなく、年下の人からもたくさん届きます。さっそくマッチングして、メッセージ交換をしてみると、真剣に恋人や結婚相手を探している人がいることもわかりました。

婚期を逃してしまった人、スロースターターな人、離婚された人……。いろいろな事情があっていまは独身だけれど、あきらめずに前を向いて、寄り添っていけるパートナーを探していたのです。

その様子を見て、わたしも大いに刺激を受けました。「これはすごい。わたしにも真剣にパートナー探しをする価値があるかもしれない」と思ったのです。

最初は恋愛のリハビリくらいのつもりで登録したマッチングアプリでしたが、「本気で婚活してみよう！」と決意した瞬間でした。

ただ、いくら独身で出会いを探してるといっても、あまりに自分の理想とかけ離れた人としか会えないようだったらすぐにアプリも婚活もやめていたと思います。贅沢《ぜいたく》な思いかもしれませんが、付き合えれば誰でもいいというわけではありませんでした。パートナーが欲しいと思ってはいたものの、妥協するくらいならこのままでいいとも思っていました。

しかし、しばらく使ってるうちにマッチングアプリの要領をつかみ、会いたいと思う人に会えるようになってきました。そこからやる気も上がり、デートやお付き合いを繰り返すことで「このままいけば結婚できるかも」という手ごたえを感じたのです。なので続けることにしました。

初めてのアポ

登録してすぐ数人からいいねをいただき、プロフィールを見てこちらもいいねを返しました。すると「マッチング」といって二人だけでメッセージのやりとりができるようになります。

文字だけですが、やりとりをしていると返信のタイミング、文の運び、顔文字や改行の仕方などから、なんとなく人柄のようなものもわかってきます。途中で突然返信が来なくなったり、こちらが違和感を感じて返信をやめてしまうこともよくありました。

そんななかで初めて会うことにしたのは36歳の動画クリエイターの男性です。初めてのメッセージには簡単な自己紹介といいねした理由が丁寧に書かれていて好印象を持ちました。

最寄りの駅まで来てくれるというのでカフェに案内し、2時間ほどおしゃべり。共通の趣味であるハリウッド映画の話で盛り上がりました。

漫画を描くのが得意だというので、「じゃあ、いま描いてみて」とポストイットを出したら、サラサラッと『ONE PIECE』の主人公ルフィを描いてくれました。本当に原画のように上手だったのでとても驚きました。

ほかにもテレビ業界は労働時間が不規則だとか、職場恋愛はあるが一度破局すると気まずいなど話したあと、LINEを交換して解散。

そのあともしばらくやりとりを続け、わたしが映画はプロジェクタで観ているという話になったとき、「涼子さんの家に遊びに行きたい」と言われました。「えっ? 家にはお付き合いしてる人しか入れないですよ」と返事をしたら、その後連絡が来なくなってしまいました。

次にお会いしたのは同い年の銀行マンです。やはりわたしの最寄り駅近くのカフェまで来てくれました。

学生時代はラグビー部で鍛えられたこと、その経験が就活でも有利に働いたことなどを話してくれました。同じ就職氷河期のロスジェネ世代なのでこのくだりは共感するところも多かったです。

大企業に勤めていた彼はその与信力《よしんりょく》(※)をフル活用して不動産投資をしていました。一戸建てを買って失敗した話、駐車場運営の話、田舎でも収益が出る物件の話などいろいろ教えてくれました。ちょうどわたしも不動産投資に興味があったので興味深く聞くことができました。

2人ともカフェオレ2杯と、ナッツを食べて2時間ほどで解散。

別れ際にＬＩＮＥを聞かれたので交換しましたが、その後連絡は一度もなく、こちらからも連絡せず、そのままフェードアウトとなりました。


3人目は44歳の会社員の男性です。メガネの似合う高身長でスラッとしたバツイチの男性でした。

夜のアポだったので居酒屋に行くことになったのですが、わたしの最寄りでお店を探して予約もしてくれました。2軒目のバーにもスムーズにエスコートしてくれ、女性慣れしてる男性でした。

「本当に独身なのかな？」とちょっと思っていたのですが、離婚理由がハッキリしていたので独身なのは間違いないようでした。前の結婚がどれだけ辛かったか半泣きになりながら語っていました。ちょっとお酒がまわっていたのかもしれません。

解散後、彼から「また会いたい」と連絡がきたので、2回目も会うことになりました。近所のカフェでお茶をしたあと、無印良品など周辺のお店をぶらぶらウインドウショッピング。

楽しかったので3回目も会えるかなと思っていたのですが、数日後に「他の女性とお付き合いすることになった」と連絡をもらい、それっきりとなりました。

という感じで、なかなかお付き合いには発展しないものの、お会いした方はみなさん普通の感じでした。恋愛関係にはならなくても、いろいろな人生模様に触れることができ、引きこもりだったわたしにはいい刺激になりました。

アポではときどき株取引の話をしたこともありました。しかし相手も株をやってる男性だと株の話ばかりになり、やってない男性だと色眼鏡で見られる。あまりうまくなさそうな男性にマウント（自分の優位性をアピールする）を取られることもあり、なんだか面倒くさくなって、だんだん話題に出さないようになりました。

※与信……クレジットカードを発行する、資金を貸し付けるなどの信用を供与すること。

プロフィールに騙される

楽しい出会いばかりではなく、騙されたこともありました。

一人は年齢を詐称《さしょう》していました。

やりとりを2週間ほど続けて、会話もはずんでいるように思っていたのですが、なかなか会おうという話になりません。

「おかしいなあ」と少し不審に思い始めた頃、彼の「つぶやき日記」に職場の写真が載っているのを見つけました。パソコンに向かって資料を作成していたのですが、よく見るとその資料に会社名が書いてあります。

検索してみると会社のホームページと本名がわかり、名前を検索したらフェイスブックのページを発見。なんと10歳もサバを読んでいることが判明しました。

「えっ！ 同い年の40歳だと思っていたのに、本当は50歳なの？」

驚いてすぐに、「いったいどういうことか」とメッセージを送ると、返事はなく、そのままブロックされてしまいました。

おそらく最初から会う気などなかったのでしょう。若返った架空の自分を使って疑似恋愛を楽しんでいたのかもしれません。


もう一人は身体の障がいを隠していた男性でした。

こちらもやりとりをしばらくして、「そろそろ会いませんか」という話になると歯切れが悪くなるではありませんか。そこから数往復してもなかなか具体的な待ち合わせの話になりません。

いぶかしがっていると「実はわたしは車いすなんです。それでもよければお願いします」とカミングアウトされました。

驚いて改めてプロフィールをまじまじと見直しましたが、そんなことは一言も書いてありません。写真はバストアップのものが1枚だけ掲載されています。

「ええ〜……」と不信感がつのってしまったので、わたしのほうから会うのをお断りしました。

ほかにも非喫煙者となっていたのに会ったらＩＱＯＳ《アイコス》（加熱式たばこ）を吸い出した人、写真より頭髪が寂しい感じの人、申告してる身長より低いと思われる人などが、ちょいちょいいました。

「騙された」と書いておきながらなんですが、実はわたしもプロフィールの職業は正直に書いていませんでした。登録初期は「株トレーダー」としていましたが、前述のように面倒な展開になることが多いと感じ削除。株の収益には全然及びませんが、オークション販売で稼いでもいたのでこちらを本業ということにし、年収は３００万円で設定しました。

フェードアウトで終わった彼氏

1、2回会うだけで終わったり、プロフィールに騙されたりしながらもめげずに続けていたところ、ようやくお付き合いできる男性ができました。

最初の一人は登録して半年ほど過ぎたときに出会った10歳上の貿易業を営む経営者の男性です。

そのときのわたしはアプリ内の「つぶやき日記」に低糖質な料理の写真や、時事ネタの感想を投稿していました。彼はそれをとても面白がって読んでくれていたようでした。

初対面で彼は真っ黒のベンツSクラスで登場しました。サングラスに真っ黒のスーツ姿で最初ヤクザが来たのかと思いましたが、「ずっと会いたかったです！」と有名人にでも会えたかのようなはしゃぎっぷりで喜んでくれていたので、「そんな気に入ってくれたんなら」と思ってお付き合いすることにしました。

2回目で「結婚してください」と言われたので、驚きつつも「話が早くていいな」

と思ったわたしは了承し、「じゃあ、指輪買って」とお願いしました。

3回目で彼の知人が経営してるという某有名ジュエリーショップで指輪を買ってもらい、その足で双方の実家への挨拶も済ませました。

「トントン拍子で進むな〜。このままわたし結婚しちゃうのかしら？」

と思っていた矢先、情熱的だった彼のテンションが急にトーンダウン。

デートをドタキャンしたり、「どうせ金目当てなんだろ」と悪態をついてきたりしたのです。会ったこともない彼の部下が「社長は騙されてると思います」などと書いているメールを、わざわざわたしに転送してきて「どう思う？」と聞いてきたこともありました。「はあ〜？ 金目当てって、グイグイアプローチしてきたのはそっちじゃん。てか、あんたわたしの通帳見たことあんの？」と憤慨。

完全に気持ちが冷めてしまい、ＬＩＮＥも無視されていたのでこちらも深追いはせず、そのままフェードアウトしました。

周囲には「慰謝料請求したら？」とかいろいろ言われましたが、それも面倒でしたし、これ以上関わる気も起きなかったのでそのままにしました。

もらった指輪は返却せず、メルカリで売りました。買い値の10分の1ほどの値段にしかなりませんでした。

気を取り直して再度マッチングアプリに登録します。

何人かお会いしたあと、半年後くらいでしょうか。４つ歳上の大手外資系ＩＴ企業にお勤めの会社員の男性とマッチングしました。

１回目はカフェでお茶、２回目はしゃぶしゃぶの食事、３回目は都心で映画を観たあと和食レストランで食事。ここで告白され、トントン拍子でお付き合いすることになりました。

結婚前提の話は彼からされました。アプリの前は婚活パーティに3年ほど通っていて「いい出会いがなかった」とも言っていたので、「これは真面目なお付き合いになるかな」と思っていました。

交際中は週1~2回ペースで会っていたのですが、彼の家や職場から1時間以上かかるわたしの家までよく来ていました。文房具や家電製品などのプレゼントをもらい、奥多摩でマス釣り、武蔵野市のサントリービール工場見学、河口湖への紅葉ドライブなどいろいろなところへ行きました。

半年ほど過ぎたところで彼に結婚の意思をたずねたところ、「ある」と言うので、「じゃあ、ここでプロポーズして」とレストランのプロポーズプランをコピーした紙を渡しました。しかし、そこからまた彼も急にトーンダウン。

ある日、ＬＩＮＥを送ったら「実は長期出張で、いま仙台にいる」と言うではありませんか。プロジェクトの終わりが見えないので、いつ戻れるかもわからないとのこと。

なんとなく勘で「これはウソだろうな」と思いました。

出張中にも彼からの連絡はいっさいなく、こちらが連絡したときだけスタンプで軽い返事があるのみ。

「ああ、これはもう続ける気がないんだな」と思い、わたしも連絡するのをやめました。

ということで、結婚前提で付き合い出したにもかかわらず、２人ともフェードアウトで終わりました。

こう書くと踏んだり蹴ったりと思われるかもしれませんが、この2人とのお付き合いを通していろいろな学びがあったのと、「気が変わると逃げるような人とうっかり結婚しなくて良かった」とも思っているので、特に落ち込むこともありませんでした。期間も短かったですしね。

結果的に夫と出会って幸せになれたので、いまとなっては2人にも感謝しています。なおこの2人にも株取引と資産については黙秘していました。資産が増えてもわたしの生活レベルは新卒時からほとんど変わっておらず、婚活中も駅から離れた築20年の古いマンションに住んでいました。なのでオークション販売で生計を立てているという表向きのわたしの話は完全に信じていたと思います。

夫と運命の出会い

夫となる3人目の彼氏ができたのは、婚活を始めて1年半近くたった頃でした。

プロフィールには写真が3枚あり、スーツ姿とTシャツ姿のものがありました。選択項目はすべて埋めてあり、自己紹介欄には休日の過ごし方や、女性に求める関係が簡潔に書いてありました。

　ビビッと来たとかは特にありませんでしたが、断る理由もなかったのでマッチング。

　一日一往復のやりとりを1週間続けたところ、食事のお誘いがあったので、わたしの近所の和風居酒屋さんで会うことになりました。予約は彼がとってくれました。


　待ち合わせ駅の改札で初めて会ったときの第一印象は、「写真通りの真面目そうな人だな」くらいでした。身長詐称もしてないようです。

　会って早々、職場のIDカードを見せてくれたので安心感を覚えました。居酒屋の個室で2時間ほど食事をしながら、主に仕事や趣味の話をしました。

　帰る際に「お友達からよろしくお願いします」と握手を求められたので、少し驚きました。なぜそんなことを言ったのか、あとで彼に聞いたところ、このときのわたしは婚活しているようには全然見えなかったそうなのです。

　実はわたしはそれまでのアポやデートから、女性から結婚願望を見せるのは悪手だと学んでいました。いくら婚活とはいえ女性から「結婚したいオーラ」が出ていると男性は引いてしまうのです。また2人の彼氏と不発に終わったことで、少し婚活のモチベーションが下がっていたのもあります。

なのであまり結婚に対してもガツガツしておらず、それが彼にもそのまま伝わっていたようでした。

帰宅後、「また会いたいです」とすぐ連絡が来たので、2回目も会うことにしました。


2回目は車で家まで迎えにきてもらい、横浜みなとみらいへドライブに行きました。中華街でランチコースを食べて、タピオカを買い、船や海を見ながら山下公園をお散歩という王道のデートコース。お互いにこれまでの恋愛の話を中心にしました。

ほぼ半日一緒にいたのですが、彼は常にわたしのペースを気遣ってくれました。おかげで、疲れることもなくとても楽しい時間を過ごせました。

帰りはデニーズに寄り軽く食事。わたしはハンバーグ、彼はマカロニグラタンを注文。ファミレスのダウンライトに照らされて、にこにこしながら食事する彼を見て、「いい人かも〜」と思ったのを覚えています。


3回目も車で迎えに来てもらい、今度は二子玉川ライズまで食事と映画を観に行きました。

デートの前に食べたいものを聞かれたので「エスニックがいい」と言うと、彼もちょうど同じことを考えていたとのこと。初対面が和食系で、2回目が中華と洋食系だったので、次はエスニックかなと思ったのですが、彼も同じ思考回路だったようです。「気が合うなあ」と嬉しくなりました。

映画を観たあと、外に出るとすでに真っ暗。ライズの屋上庭園までのぼり、多摩川をのぞむベンチでおしゃべりしているときに、「もしよかったらお付き合いしてください」と告白されました。

「はい喜んで」と返事すると彼から「結婚って考えている？」と聞かれたので「考えています！」と答えました。

結婚前提で付き合うことになった3人目の彼氏です。

このときは「そろそろ結婚したい」という気持ちと、「またダメになるかな～」という半々の気持ちでいました。

交際からプロポーズまで

付き合い始めて間もなく、伊豆への旅行に誘われました。旅行の段取りはすべて彼がやってくれ、その手際のよさに感動しました。よくよく聞いてみたら、彼は飲み会の幹事やサークルで行く旅行の手配が好きでよくやっているとのこと。

伊豆半島の先端、恋人岬には「愛を呼ぶ鐘」という、3回鳴らしながら好きな人の名前を呼ぶと愛が実るといわれるベルがあります。ここで彼に「なぜ伊豆に来たのかというと、これを一緒に鳴らすのが夢だったから」と言われました。あまりにかわいいリクエストに思わず笑ってしまいました。

浜松でうなぎを食べて、露天風呂つきの部屋でまったり温泉に入って、一泊二日。往復で6時間に及ぶドライブ旅行でしたが、それまでのデート同様、ぜんぜん疲れることなく楽しく過ごせたので、「きっと相性がいいんだろうな」と思いました。

その後も1週間に1度はデートするという関係が続いたある日、わたしは体調がひどく悪くなり、全身に原因不明のじんましんが出たことがありました。彼に連絡すると、心配してすぐにわたしの自宅に駆けつけ、車で皮膚科のある病院まで連れて行ってくれました。

家に戻ると、必要な食材を買ってきてくれたうえ、家の風呂掃除をして、「お大事にね」と颯爽《さっそう》と帰っていきました。

なんだかスーパーマンのような頼もしさを感じました。


彼と付き合うにあたりひとつ懸念していたことがあります。それは食事です。

この頃のわたしはかなりストイックに糖質制限をやっており、スイーツや炭水化物はほとんど食べず、肉・卵・チーズ中心の低糖質・高たんぱくな食事をしていました。そして結婚するなら、相手にもこの食生活に合わせてもらうことを望んでいました。

彼はケーキやお菓子が大好きな甘党と言っていたので「大丈夫かな」と思っていたのですが、糖質制限のメリットを教えるとすぐ理解してくれました。食べていいもの、ダメなものを覚え、スーパーで買い物するときはパッケージの糖質量を必ずチェックするようになりました。

彼の見事な柔軟性と素直さにすっかりシビれたわたしは、「これならやっていける!」

と強く確信しました。

お付き合いを始めてから3カ月後、わたしの誕生日祝いも兼ねて横浜にあるホテルに泊まりに行きました。

彼はシャツとスラックスのビジネスカジュアル。わたしは黒のワンピースを着ていました。最上階のレストランでゆっくりディナーコースを堪能したあと、部屋で夜景を見ながらワインをとチーズをあけます。

予告めいたものは前々からあったのでわかってはいましたが、彼から「結婚してください」とプロポーズの言葉をもらいました。すぐに「よろしくお願いします」と返事するわたし。手を取り合って互いにニコニコ。お姫様抱っこをしてもらいクルクル回りました。

前の彼氏とは尻切れトンボで終わりましたが、今度こそ「結婚するぞ」と思いました。

入籍日はプロポーズから4カ月後の大安の日ということにし、その1カ月前に彼の家に引っ越すことになりました。

引っ越しの手配にあたっては彼が業者と価格交渉してくれたので予算内で収まりました。「やっぱりこういうのは男性がやってくれると助かるなあ」と改めて思いました。

半年の間、毎週欠かさず会い、旅行にも行っていたので、うまくやっていけるとは思っていましたが、暮らし始めてからもケンカらしいケンカはまったくなく、スムーズに同棲生活を送れました。

入籍は彼と役所まで一緒に歩いて行きました。書類手続きを済ませ、記念パネルの前でパチリと撮影。

こうして2年に及ぶ婚活が終わり、晴れてわたしは新妻となったのでした。

夫はとても優しく、まっすぐで、素直で、本当に心の温かい男性です。一緒にいてとても安心感があります。しかし、そんな夫とも日常生活ではまったく接点がなかったので、マッチングアプリがなければ一生出会うことはなかったと思います。

意を決してマッチングアプリに登録して、婚活して本当に良かったです。

42歳でやっとつかんだ幸せでした。

コラム①

マッチングアプリで結婚した人

マッチングアプリで結婚した人はわたし以外にもたくさんいます。

とある弁護士さんはティンダーというアプリで結婚されました。「結婚に至る方法としては斬新であることに間違いないのではないかと思います。(中略)やってみると、これまでの交友関係を飛び越えた、幅広い方々とお会いできるチャンスが目の前に広がることに気が付きました」(2019年12月　弁護士会会報)とマッチングアプリのメリットを語っています。

とある外科医のお医者さんはペアーズで10カ月の交際の末、結婚されました。この方は北陸在住ですが、細かく条件設定をしたところ該当者が10人しかヒットしなかったそうですが、全員にいいねを送り、すぐに返事があったなかから奥さまを選ばれたそうです。

大手企業に勤務するアラサー男性は、ゼクシィ婚活というアプリで奥さんを見つけ、マッチングから2カ月後に入籍という超スピード婚を果たしました。プロポーズではなんと200万円のハリーウィンストンの指輪をプレゼントしたそうです。いまはお子さんも生まれ、新しい一戸建ても買いとても幸せそうです。

ペアーズには結婚した会員の「ご結婚レポート」があります。ここからアラフォー以上のカップルの成婚年齢をピックアップしてみましょう。

- ●43歳男性・37歳女性
- ●46歳男性・46歳女性
- ●57歳男性・35歳女性
- ●48歳男性（子有）・45歳女性
- ●43歳男性（子有）・41歳女性（懐妊！）
- ●41歳男性・36歳女性
- ●39歳男性・39歳女性
- ●31歳男性・39歳女性（懐妊！）
- ●41歳男性・41歳女性

アラフォー、アラフィフの方でも精力的にご縁をつかんでいるのがよくわかります。全員マッチングから1年以内の入籍です。

有名人にもマッチングアプリで結婚した人がいます。

2017年度ミス・インターナショナル日本代表で、世界5位に入賞した筒井菜月さんは、ティンダーでIT企業の社長とご結婚されました。筒井さんはお見合いや婚活パーティで100人以上の男性と会ったもののご縁がなかったそうですが、アプリで運命の人を見つけることができたのです。

人気恋愛バラエティ番組『あいのり』に出ていた桃さんもティンダーを使っていました。イケメンの年下男性と交際3カ月で婚約し、その半年後に入籍されています。

作家の島田佳奈さんは、50歳で3歳年下の男性と結婚されました。アプリでは120人とやりとりをして、23人会って決められたそうです。

ある地下アイドルの女性もアプリで一般男性と結婚しています。仕事に影響が出ないよう、アイドルの世界とは遠い人と結婚したかったので、アプリで一般の会社員ぽい人を探していたそうです（NHKのテレビ番組『ねほりんぱほりん』2017年2月8日放送）。

海外でもマッチングアプリで結婚した人がいます。

著名投資家マイケル・バーリはマッチ・ドットコムを使っていました。彼は自己紹介に「片目しかない医学生。人付き合いが苦手で、14万5千ドルの学資ローンを抱えている」と書いていたそうですが、奥さまはその正直な自己紹介に興味を持ったということです。バーリはのちにサブプライムローンが破綻するときに空売りで大儲けし大富豪となりました。

ネットフリックス『デアデビル』でおなじみの女優デボラ・アン・ウォールも、マッチ・ドットコムで知り合ったコメディアンと11年の交際を経て結婚しました。彼は目が見えなくなる難病を患っていましたが、正直に打ち明けたうえでデートを申し込んでくれたことが新鮮だったとのことです。

また、結婚はしていませんが利用している有名人も多くいます。元テレビ東京アナウンサーの鷲見玲奈さんはテレビ番組で「出会いがなさすぎてアプリに登録していた」と公言していました。プロフィールでは顔写真をぼかし、職業をイベント会社勤めということにしていたそうです（テレビ東京『家、ついて行ってイイですか？』２０２０年3月18日放送）。

この放送を受けておぎやはぎの小木さんは「オレの知り合いの芸能人の女の子も（マッチングアプリ）やってるからね。アプリ上で顔出しはしていないものの会って、付き合ってたりするよ」とラジオ番組で明かしています（TBSラジオ『おぎやはぎのメガネびいき』2020年3月20日放送）。

ほかにも渡辺直美さん、GACKTさん、たんぽぽ川村さん、平成ノブシコブシ吉村さん、インパルス堤下さん、水原希子さんなどがマッチングアプリの利用を公言していました。

はるな愛さんはアプリで会った年下彼氏となんと5年も交際しているそうです（読売テレビ『上沼・高田のクギズケ！』2020年6月28日放送）。

どうでしょうか。一般人だけでなく、作家や俳優など著名人の方まで、実に多くの方たちがマッチングアプリでご縁をつかんでいることが実感できたと思います。

いまやマッチングアプリはモテない人がしぶしぶ使うものではありません。たくさんの魅力的な方たちがパートナーを求めて、積極的に利用しているのです。

Step
1

登録編

ここからはマッチングアプリを使った婚活方法について
ノウハウ形式でお話しします。「登録編」ではアプリを選び、
好印象なプロフィールを作成するところまでです。
プロフの第一印象はアポに進むかどうかを決める
大変重要な情報ですので、しっかり作ってください。

1 出会い系サイトとマッチングアプリの違い

出会い系サイトとマッチングアプリの違いを知るには、歴史を少しさかのぼる必要があります。

出会い系サイトは１９９０年代、インターネットの普及とともに登場しました。運営業者は実態がよくわからない組織や個人であることが多く、ユーザは誰でも本人確認なしで簡単に登録できました。

会員同士でトラブルが起きても泣き寝入りするしかない状況だったので、詐欺や犯罪の温床となりがちでした。サクラと呼ばれる個人を装った業者によって、外部の有料サービスに誘導されるなどの問題も起きていました。

そこで施行されたのが２００３年の「出会い系サイト規制法」です。運営業者は都道府県の公安委員会に「インターネット異性紹介事業」の届出を行い、利用者の年齢確認をすることが義務付けられるようになりました。有料サイトはクレジットカードで決済すること、無料サイトは年齢を身分証明書の画像によって確認することが必須となったのです。

2010年頃になると、スマートフォンが普及しアプリで出会いを提供するサービスが登場します。

マッチングアプリの先駆者として最初に登場したのは、2012年リリースのOmiai（オミアイ）やPairs（ペアーズ）です。これらのアプリは身元確認に加え、フェイスブックと連携することで怪しいユーザの排除に成功しました。また運営企業もサイト内を監視パトロールすることで、健全性、安全性が飛躍的に向上したのです。

このように、出会い系サイトは運営もユーザも実態不明の無法地帯、マッチングアプリは企業による身元確認と監視による秩序が保たれた出会いサービス、という明確な違いがあります。

その後も企業によるマッチングアプリへの参入が相次ぎ、2021年現在、その数は実に130を超えました。アプリの種類も恋愛や結婚だけでなく、合コン向け、ビジネス向け、バツイチ向け、ママ友向けなど目的別に細分化が進み、便利に使えるようになってきています。

2 中高年の登録者も多い

「マッチングアプリって若い人しか使っていないんじゃないの？」と思われる方もいるかもしれません。しかし実は多くの中高年世代も利用しています。**どのアプリでも40代以上の会員は全体の20～30％ほどを占めています。**

日本最大の会員数1000万人を誇るペアーズの場合、男性が6割なので600万人の登録があるということになります。そのうち25～34歳の男性が最も多い43％を占めますが、35歳以上の男性も33％います。男性600万人のうち33％ですから約200万人ということになります。200万人というとほぼ札幌市の人口と同じ規模です。

マッチングアプリに登録するだけで、これだけ多くの人とつながることができるわけです。アラフォーともなると日常で独身者に会うことも少ないので実感しにくいのですが、マッチングアプリを使えば出会いのチャンスはほぼ無限にあるといえます。

また、60代以上の熟年層も多くいます。日本人の平均寿命はだいたい男性81歳、女性87歳ですから、60歳だとまだ20年以上の時間が残っていることになります。未婚だけでなく死別や離婚も増えてくる年代、残りの人生を共に歩んでいけるようなパートナーを探すために登録される方もたくさんいらっしゃるようです。

3 マッチングアプリ最大のメリット

マッチングアプリでの出会いというのは本性丸出しのガチンコ勝負です。

上司も同僚も友達も誰も見ていないので、なかには自分の欲望をそのままぶつけてきたり、あからさまに失礼な態度をとる人もいます。

それが原因で「マッチングアプリは怖い、不愉快だ」と思ってしまう人も多いのですが、見方を変えれば、これこそがアプリで婚活する最大のメリットといえます。なぜなら
「ははーん、この人は誰も見ていないところではこういう態度をとるんだな」

というのが最初からバッチリ見えるからです。

これって結婚相手として判断するのにすごく好都合だと思いませんか。

職場や学校で出会っていれば、今後のことを考えて誰でも礼儀正しく振る舞います。我欲を抑え、敬語で話し、少しダルくても社会規範を守ろうと踏ん張ります。だからデート中は気分よく過ごせるでしょう。

しかし結婚生活というのは密室で行われます。誰も見ていない場所での振る舞いこそが重要なのです。監視の目がないと傍若無人《ぼうじゃくぶじん》に振る舞うような人は信用できません。せっつかれないとやるべきことでもやらないような人では困るのです。結婚後にそういう人だとわかったのでは手遅れです。

マッチングアプリは、最初から人の目が届かないゆえ、本性むきだしな状態からスタートできるのが大きな利点です。これこそが相手を選ぶのに大変好都合なのです。

4 アプリで結婚した人のほうが幸せ？

第一生命経済研究所による『人生１００年時代の「幸せ戦略」』（東洋経済新報社）という本のなかに、出会い別の夫婦関係を調査した面白いデータがあります。

●配偶者とはよく会話をしている
●配偶者と余暇や休日を一緒に楽しむことが多い
●配偶者とは困ったときに相談し合っている
●夫婦が一緒に過ごす時間を大切にしている
●夫婦関係に満足している
●夫婦で家事を分担している

というすべての項目において、職場や知人の紹介で結婚した人より、アプリを含むインターネットの結婚情報サービスで結婚した人のほうが満足度が高いというデータが出たのです。繰り返しますが、すべての項目においてです。

シカゴ大学の研究でも同様の結果が出ています。7年かけて2万人の夫婦を追った研究によると、ネットで出会ったカップルはそうでない人より結婚後の幸福度が高く、別れる確率も自由恋愛より25％低いのだそうです。

この理由として同大学は

●ネット上でパートナーを探す人は、愛情を共に育むパートナーを見つけたいとい

う気持ちがとても強い

●マッチング機能が非常に優れている

ということをあげています。

これはわたしも非常に強く感じるところで、アプリで本気で婚活してる人は「パートナーを見つける！」というモチベーションが非常に高いです。なぜかというと誰もお尻を叩いてくれないし、誰も助けてくれないからです。ご縁をつかみ、話を前に進めるには自分が動くしかない。よって自然とモチベーションが高くなるのだと思われます。

2020年8月にTBS系テレビで放送された『林先生の初耳学』では、離婚率の比較調査が行われていました。一般の離婚率6・6％に対して、マッチングアプリで出会って結婚したカップルの離婚率は4・5％と、2・1ポイントも離婚率が低かったのです。

番組では「結婚について率直に話がしやすい。付き合う前に結婚観を共有できるので、安心して交際を始めることができる」との理由があげられていました。のちの「交際編」でも触れますが、お付き合い前にしっかり結婚観を確認できるのは婚活の大きなメリットです。あとから「こんなはずじゃなかった」となるリスクを避けることができます。まさにわたしもこの利便性にあやかって結婚できたようなものなので深くうなづきました。

5 おすすめ婚活アプリ4選

それでは早速わたしが利用していたマッチングアプリをご紹介しましょう。

- ●youbride（ユーブライド）https://youbride.jp/
- ●Yahoo! パートナー　https://partner.yahoo.co.jp/
- ●Omiai（オミアイ）https://fb.omiai-jp.com/
- ●Pairs（ペアーズ）https://www.pairs.lv/

わたしがこの4つを選んだ理由は2つあります。

1つは初回デート費用の項目があったからです。初回デート費用は男性の本気度をはかる一番重要な指標です。プロフィールやメッセージだけでは男性の本音はわかりません。しかし初回デート費用を見れば相手のやる気は一発でわかります。ですからこれがないアプリは使っても意味がないと思っていました。

例外として、ユーブライドは初回デート費用の項目がないのですが、プロフィールに結婚観に関する項目が多く、老舗の真面目な婚活サイトなので登録していました。

2つめの理由は、大手の上場企業が長期間にわたって運営してることです。専門スタッフによる24時間監視・サポート体制をとっているので、安心して使えました。

いずれもアラフォー世代の男女もたくさん登録しているので、会員層という点でも問題はありません。女性は基本機能だけならすべて無料で利用できます。

それでは、この4つのアプリについて詳しく見ていきましょう。

【おすすめアプリ①】youbride（ユーブライド）

https://youbride.jp/

ユーブライドは、はっきり結婚相手探しを目的とした婚活用のマッチングアプリです。真面目で紳士的な会員が多い印象です。

証明書は年齢認証のみ必須で、他に任意で、本人証明、独身証明、収入証明、学歴証明、資格証明の5つが提出できます。

全部提出している方もいるので、そういう方とマッチングできれば安心感があると思います。

プロフィールは、仕事、ライフスタイル、結婚観と記入項目が多いのも特徴です。詳細に希望を伝えることができ、また相手の詳しい情報も知ることができます。

個人的には家族構成の項目が便利だと思いました。それぞれの家族について、同居・別居の指定までできるので、いま誰と住んでいるのか、実家には誰がいるのかがよくわかります。

また、資産といった項目もあります。株や債券などの金融商品、不動産や貴金属など実物資産がある方は記入していることもあります。

他のアプリにはない特徴として、「恋愛相談Q＆A」があります。会員同士が匿名で相談できる掲示板です。アプリの使い方からデートの進め方、はてはセックスのお悩みまで幅広く情報交換が行われているので、悩んだときは利用してみるといいでしょう。

基本機能は女性は無料で使えます。有料の「スタンダードプラン」にすると、写真やプロフを見せたい会員にだけ見せるという公開範囲の設定ができます。不特定多数の人に見られたくない場合は利用してみるといいでしょう。

ユーブライドはもともとは大手ＳＮＳのミクシィが運営していましたが、２０１８年に婚活事業を展開するＩＢＪに譲渡され、現在はその子会社である株式会社Diverseが運営しています。サービス開始は１９９９年なので、運営実績は21年に及ぶ超老舗アプリです。

【おすすめアプリ②】Yahoo! パートナー

https://partner.yahoo.co.jp/

ヤフーパートナーはヤフーが運営する婚活サイトで、会員数は600万人に迫ります。**大手ポータルサイトが運営しているのは大きな安心材料です。**サービス開始は2006年なので運営は15年以上になります。老舗のサービスだけあってアラフォー以上の会員が多く、再婚目的の方やシニア層もたくさんいます。

ヤフーパートナーはもともと恋活向けのアプリでしたが2017年に「Yahoo! お見合い」と統合したことにより、婚活色が強くなった経緯があります。

日記を投稿できる「つぶやき機能」は活発で、日常生活の様子を投稿してる人が多くいます。それぞれの投稿にはツイッターと同じようにいいねボタンがついているので、気になる人には積極的にいいねしてみるといいでしょう。

自己紹介の入力フォームにある「人気の会員を参考にする」をクリックすると、同性のプロフを4人まで見ることができます。書き方に悩んだときは参考にしてみてください。

基本機能は女性は無料で使えます。有料の「スペシャルプラン」に申し込むと検索結果で上位表示されたり、メッセージの既読・未読がわかるようになります。

【おすすめアプリ③】Omiai（オミアイ）

https://fb.omiai-jp.com/

Omiaiは一日に約4万組がマッチングする最大級のマッチングアプリです。２０２０年の時点で会員は４００万人います。

アプリ名こそ「お見合い」ですが本格的な婚活者ばかりということもなく、恋活、つまり恋愛目的で利用されてる方もたくさんいます。

安心かつ安全にこだわっているだけあってサクラらしき会員はほぼ見当たりません。利用規約に違反したユーザに対しては通報システムがあり、プロフにイエローカードマークが付くのですぐわかるようになっています。

また、フェイスブックと連携しているので、フェイスブックで18歳以下になっていたり、交際ステータスが既婚になっている人は利用できない仕組みになっているのも安心です。

女性からいいねできるポイントはログインで毎日のように付与され、連休前にはさらに付与されるのでどんどんたまっていきます。わたしは自分からいいねをすることはなかったので、多いときはいいねポイントが1000ポイントほどたまっていました。

登録すると、初期設定では名前が「Y・N」や「S・T」などイニシャル表示になってしまうので、プロフィール編集画面で印象に残りやすい名前に変更するといいでしょう。

プロフィール下部、「お相手探しで重視すること」には、

●年齢・写真の印象
●生活・経験の豊かさ
●人柄・価値観
●恋活の真剣度
●未登録

の5項目があります。婚活するならこのうちの、「恋活の真剣度」と「未登録」のチェックは避けたほうがいいでしょう。

運営は東証一部上場企業の株式会社ネットマーケティングです。サービス開始は2012年なので運営実績は8年に及びます。

迷惑ユーザの排除には特に力を入れているという印象です。聞いた話では、バツイチと書かずに活動していた男性が、やりとりで打ち明けた女性に通報されてイエローカードをくらったということでした。

女性は完全無料で使えます。以前は有料プランもあったのですが、2020年に廃止されました。

【おすすめアプリ④】Pairs(ペアーズ)

https://www.pairs.lv/

ペアーズは累計登録者数1000万人以上の日本最大級のマッチングアプリです。

「ペアーズ婚」という言葉がはやるくらいペアーズで結婚された方は本当に多くいます。

会員は20~30代が中心と比較的若めですが、なにせ母数が多いのでアラフォー世代も多く登録しています。

趣味や価値観を表現できるコミュニティ機能や、軽いつぶやきができる「ひとことメッセージ」など、SNSのような感覚で使えるのが特徴です。

プロフィール項目には、結婚歴、結婚への意向、子どもの有無を入力する欄もあるので、婚活アプリとしても充分使えます。

運営は2008年に設立された株式会社エウレカです。出会い系のネガティブなイメージを払拭すべく、デザインからシステムまでこだわっているそうで、とても洗練されたアプリという印象です。

2015年にはアメリカのナスダック上場企業インター・アクティブ・コーポレーションの傘下に入りました。インター・アクティブ・コーポレーションは世界最大のオンラインデーティングサービス「マッチ・ドットコム」を運営しています。今後はアジア展開も視野に入れているそうです。

こちらも女性は基本機能は無料です。有料の「レディースオプション」に申し込むと検索結果で上位表示されたり、メッセージの既読・未読がわかるようになります。

エウレカは他に「Pairs engage（ペアーズエンゲージ）」も運営しています。ペアーズエンゲージはコンシェルジュサービスがついたオンライン結婚相談所です。マッチングアプリのペアーズとは別物なので注意してください。

6 登録するなら金曜日

マッチングアプリに登録するのは、金曜の夜がおすすめです。登録後、数日間は自分のプロフにＮＥＷマークがつき、検索結果で上位表示されます。加えて**金曜日の夜から日曜にかけてログインが増えるので、効率的にいいねをもらいやすくなるからです。**

ペアーズの場合、登録から72時間、つまり丸3日上位表示されます。なので登録するなら金曜日がいいでしょう。

もし有料プランに登録するときは、スマホからではなくパソコンから登録しましょう。10～20％ほど安くなります。なぜかというと、スマホでの決済はAppleやGoogleに払う手数料が上乗せされているからです。

7 住まいの書き方

マッチングアプリでは会うことが第一目的なので、どこに住んでいるかという情報はかなり重要です。**これといった共通点がない人でも、住んでいる場所や勤務先が近いというだけで親近感がわきますし、お付き合いのイメージもしやすくなります。**

なので、プロフィールの自由記述欄には住まいについて一言あるといいでしょう。

個人情報保護の問題もあるので、どこまで具体的に書くかはそれぞれの判断になりますが、書き方としては、次のようなパターンがあります。

【利用路線、駅名を書く】

電車をよく利用する人は「東横線ユーザです」「通勤に京王線を使っています」のように路線名を書くと移動経路を想像しやすくなります。２路線利用しているなら、両方書いてください。最寄りがターミナル駅なら駅名を書くのも効果的です。地名と同じことも多いですし、遠方の方にもわかりやすく伝わります。

【方角を書く】

同じ都道府県内でも東、西、南、北、あるいは中央なのかでだいぶ距離感が違ってきます。「東京西部」「大阪北部」など、どのあたりに住んでいるかの概略だけでも書いておくと、実際に会うときのイメージがわきやすくなります。

【道路名を書く】

移動手段が車メインだったら道路名を書くのもいいでしょう。「国道○○号沿い」「○○インター近く」といった感じですね。「青梅街道沿い」のように愛称名でもＯＫです。

わたしの場合は、駅名を書いたり、路線名を書いたりと、いろいろ変えていました。一度、駅名に反応した方から、「昔、住んでいました。懐かしいです！」というメッセージをいただいたことがあります。昔のローカル話に花が咲いたので「久しぶりに来てみますか？」「ぜひ！」という流れでアポにつながりました。

この「以前そこに住んでいた！」というパターンは婚活中に何回か経験しました。

8 ニックネームのつけ方

ニックネームは本名を伝えたあとでもギャップが少ない呼び名だと安心感があります。

たとえば

●ひろみ↓ひろ
●よしこ↓よっしー
●かなえ↓ＫＡＮＡ

のような感じです。

やめたほうがいい名前は、〇〇ちゃん、〇〇たん、〇〇りんのように語尾に愛称をつけた呼び名です。これらは幼稚な印象を与えるうえ、真剣に活動しているように見えません。たとえそう呼んでほしいにしても、ある程度お相手との距離が縮まってからのほうがいいでしょう。

また一見しただけでは読めないアルファベットや、意味がわからない単語もやめたほうがいいと思います。「L'Arc-en-Ciel」くらいならどうにかわかりますが、海外のマイナーバンド名とかをつけられると、すぐ読めないので面倒くさい人と思われてしまいます。

なお、関係が進むと相手から見た自分の名前も増えていきます。

●マッチングアプリで登録した名前

●呼んでほしい名前
●ＬＩＮＥの名前
●実名

たまに全部違う人がいますが、これは相手をムダに混乱させます。理想は統一することですが、個人情報を守りたいというのならせめて「アプリ名と呼び名」は同じ、「ＬＩＮＥと実名」は同じものにしましょう。これなら4種類→2種類に減ります。わたしも2種類で運用していました。

9 美人写真を撮る3つのコツ

プロフィールのなかで一番重要なのは写真です。初めて写真を見たときの0・1秒の印象がその後の展開を大きく左右してしまうからです。

写真は2割増しで良く撮れたものを用意しましょう。第一印象の良さは、好印象をキープする効果があります。写真100点、実像85点くらいの差なら、会ったとき、少々「あれっ?」となっても、印象は100点に引っ張られます。ですから2割増し程度ならOKです。5割増しくらいになると「詐欺！」と言われかねないので注意してください。

ここではプロカメラマンやフォトスタジオに頼ることなく、手っ取り早く美人写真が撮れるテクニックを3つお教えします。

①くもりの日に撮影する

くもりの日は日光が強すぎず弱すぎず、肌がとても綺麗に映ります。「今日はちょっと雲行きが怪しいな」と思ったら、すかさず屋外に出て写真を撮ってみましょう。

時間はお昼を挟んで前後2時間、午前10時~午後2時くらいを狙ってください。

このタイミングならレフ板(被写体に光を反射させる板)や照明機材などを使わなくても充分に綺麗な写真が撮れます。午後2時を過ぎると色が濁りやすくなるので2時までが勝負です。

晴れの日だと直射日光が当たってまぶしいので、どうしても目にシワが寄りがちです。また陰影がハッキリ出てしまうので表情もわかりにくくなってしまいます。

なので、くもりの日がベストです。

②ベストアングルを見つける

上から、下から、横からといろいろな角度から写真を撮って、自分が一番美しく見えるアングルを見つけてください。誰でも自然に美しく見えるアングルが必ずあります。

30枚ほど撮影したら「ちょっと違うな〜」と思う写真をどんどん削除していき、5枚ほど残します。その5枚を友達や家族に見せて、あなたらしさが伝わる印象のいい写真を選んでもらいましょう。

自撮りに慣れていない方はこの「自分が一番美しく見えるポーズ」を知らないことが多いです。一度覚えれば、デートでスナップ写真を撮るときにも使えるのでぜひ見つけておいてください。

③「わたしはカワイイ！」と目ヂカラを入れる

実はこれが一番重要なのですが、写る瞬間に「わたしはカワイイのだ！」と強く念じてください。そうすると本当にカワイく写ります。ウソではありません。

試しにいま、ノーメイク＆部屋着の状態でいいので自撮りしてみましょう。なんとなく撮った写真と、カワイイと強く念じて撮った写真を見比べると、表情が全然違うはずです。

プロのモデルや女優さんがグラビアで輝いて見えるのも、「わたしは美しい！」という気合いがバッチリ入っているからです。

ですからあなたも「わたしはカワイイ！」としっかり気合いを入れてください。

以上、撮影時間、アングル、目ヂカラ。この3点にしっかり留意して撮影してください。加工アプリで修正なんかしなくても、これだけで充分美しい写真が撮れるはずです。

自撮りが恥ずかしければ100円ショップにスマホ用の三脚が売っているので、それを使えばカメラと自分の間に距離を置いて、他撮りしたように見せることもできます。

最近はマッチングアプリの写真専門カメラマンによる出張サービスもあります。撮影だけなら5000円〜、メイクやファッションコーデを入れても2万円程度で依頼できるので利用してみてもいいでしょう。

ただ依頼するときは、撮影場所とポーズに気をつけてください。カメラマン任せにしてると、他の顧客とアングルや背景がかぶることがあります。たまにアプリで、モデルは違うがよく似た写真を見かけることがあります。これだと差別化にならないので、撮影場所とポーズはオリジナリティが出るように、こちらから指示したほうがいいでしょう。

また、結婚相談所とマッチングアプリを並行して使っている方に多いのですが、スタジオ撮りしたお見合い写真をマッチングアプリで使うと検索結果の並びで浮きます。「この人は相談所も使っているんだな」と伝わってしまうので、そう思われたくない場合はアプリ用にスナップ写真を用意したほうがいいでしょう。

10 全身写真も必ず載せる

写真はバストアップや顔だけでなく、必ず全身写真も載せましょう。というのは、**全身写真がないと体型がうまく伝わらないからです。**

特に丸顔の方は、たとえ痩せていても肥満と想像されやすいです。すると写真の印象で落とされるリスクがあります。

わたしも丸顔なのですが、登録したばかりの頃、顔写真しか載せていなかったら、実際お会いしたときに「もっと太っているのかと思いました」「あれ？ 意外と痩せてるんですね」と複数の人から言われました。

「これはマズい」とそのあと体型もわかる写真を載せたところ、イメージと違ったと言われることはなくなったので、やはり全身写真は必要かと思います。

もちろん細面《ほそおもて》、面長《おもなが》な方も全身写真を載せたほうがいいです。細面な方はスレンダーなイメージを持たれやすいので、写真では好印象を持ってもらえるかもしれませんが、会ったときに「想像より太ってる」とガッカリされる可能性があります。

載せる写真は季節感も意識してください。真夏に雪山でスノーボードをやっている写真、あるいは真冬にビーチリゾートではしゃいでいる写真だと、違和感を与えてしまいます。夏には夏っぽい、冬には冬っぽい写真のほうがお相手にもストレートに印象が残るでしょう。

11 写真はモニタでチェック

登録した写真はパソコンのモニタやタブレットでもチェックしてください。小さい画面のスマホでは問題なくても、大画面で自分の写真を見るとギョッとすることがあります。逆に大画面では問題なくても、スマホで縮小して見ると、髪の毛がシワに見えたり、ほくろがゴミに見えたり、顔にかかった影が顔色を悪く見せたりして、汚い印象になることがあります。

同じ写真でも端末機器によって印象が変わるので、それぞれで見映えを確認し、可能なら手作業での修正も行ったほうがいいでしょう。わたしもフォトショップで細部までかなり修正していました。特によくやっていたのは次のようなものです。

- 左右の目のサイズを揃える
- 目に光を入れる

- 目にシャープをかける（目ヂカラが出ます）
- 髪のボサボサ感を取りツヤを出す
- 歯並びを綺麗にする
- 歯を白くする
- 肌の色ムラをなくす
- 唇のツヤ出し
- 目の下のクマ消し
- フェイスライン、鼻の形を整える
- ごちゃごちゃした背景を消す、ぼかす
- トリミング

いずれもやるとしてもほんの少しです。身だしなみを整えたレベル、実物2割増しのギリギリの範囲内で行います。そうすれば「写真詐欺！」と言われることはありません。実際に会っても写真の第一印象をキープできると思います。

意外と重要なのがトリミングです。マッチングアプリの登録写真は正方形が多いのですが、**同じ写真でも切り取り方次第で躍動感を出したり、逆におとなしく見せたりすることができます。**ここまでくると完全にデザインセンスの問題になってしまいますが、トリミングだけならフォトショップではなくパワーポイントでもできるので、いろいろ試してみるといいでしょう。他人の写真で好印象だと思ったものがあれば、同じバランスでトリミングしてみるのも有効です。

12 ダイエットで外見3割増し

太っている自覚のある方は、この機会にダイエットしましょう。体型の選択項目で安易に「ぽっちゃり」「太め」を選んではいけません。**男性は検索でぽっちゃりの人を除外していることが多いからです。**これではせっかく登録しても見つけてもらえません。

マッチングアプリで39歳の女性と結婚したある男性が、最初に奥様を選ばれた理由について「痩せていたから」と答えていました。ふっくらした女性の写真が並ぶなかで、スラッとしていた奥さまは際立って好印象だったそうです。痩せているというのはそれだけ大きなアドバンテージになるということです。

「女性は少しくらいふくよかなほうがカワイイ」「中年太りは仕方ない」などという自分に都合のいい言い訳をしてダイエットをさぼってはいけません。

ダイエットには運動より糖質制限がおすすめです。制限といっても糖質量さえ気をつけていれば、お腹いっぱい食べても大丈夫です。糖質制限ダイエットは空腹を我慢する必要がないので、ストレスをためずに続けることができます。

おすすめはスーパー糖質制限で1日2食、半日断食することです。1食あたりの糖質量を20グラム以内に抑え、肉・チーズ・卵などたんぱく質中心の食事にします。

具体的なやり方と理論については、糖質制限ダイエットの第一人者である江部康二先生の『内臓脂肪がストン！と落ちる食事術』（ダイヤモンド社）を参考にしてください。

我が家ではこの本の通りの食事法を実践し、夫は結婚してから2カ月で5キロ痩せました。自粛生活の影響で二人とも運動不足ですが、コロナ太りとは無縁です。肥満度を表すＢＭＩ指数（ボディマス指数）は夫が23、わたしは19でずっと標準圏内を維持しています。

13 初回デート費用は「空欄」を選ぶ

プロフの初回デート費用は、空欄のままでOKです。そうすると男性には「この女性は払う気があるのかな? ないのかな?」、どちらかわかりません。それでいいのです。**「わからないけど会いたいから誘おう!」と思ってくれる男性とだけ会えばいいのですから。**「相談して決める」でもいいのですが、中途半端に払う姿勢を見せる必要はありません。

「タカりだと思われたくないから」「借りを作りたくないから」「対等でいたいから」という理由で、わざわざ「割り勘」を選んでいる人もいます。割り勘にしてると、「あなたのことが気になるから」ではなく「お金をかけずに会えそうだから」という理由でいいねしてくる男性とマッチングしやすくなってしまいます。それでもいいなら止めませんが、いま一度、自分はどういう人とマッチングしたいのかという観点から考えて選んでください。

14 メガネ女子とスポーツ女子

女性でメガネをかけた写真を載せてる人はほとんどいません。なので**メガネ写真をメインにすると、検索結果の並びでかなり目立ちます。**差別化としてアピールするのはアリだと思います。

メガネ姿は真面目で落ち着きのある、知的な印象を与えることができます。大人の雰囲気を出したいときにも有効でしょう。

デートではギャップ萌えを狙う小道具としても使えます。デート中、熱いお茶などを飲むときに「ちょっと失礼します」と言ってメガネを外してみましょう。突然見せられた素顔にドキっとする男性もいるかもしれません。

スポーツが得意な女性というのも少数派です。「スポーツを一緒に楽しみたい」という男性にはグッとくると思います。

ただしジムやヨガでは弱いです。球技、海遊び系、ウィンタースポーツ系がいいと思います。具体的には、テニス、バスケットボール、ゴルフ、サーフィン、スノーボード、スキーなどです。これなら観戦デートにも誘いやすいでしょう。

ハイスペック男子（※）はゴルフが趣味だったり、お付き合いでやってることが多いので、ゴルフは特にキャッチーだと思います。

もし団体競技のスポーツをやっている男性と会ったら、すかさず「ポジションは？」と聞きましょう。ルールを知らなくてもＯＫです。「どこで何をする人ですか？」と質問して教えてもらってください。ついでに「好きな選手は誰ですか」と振ってみましょう。これで３分は間が持ちます。

※**ハイスペック男子**……勉学や仕事などの能力が優秀である男性、容姿や性格など人間的魅力に優れている男。

15　１６５㎝以上なら身長アピール

日本人の成人女性の平均身長は１５８㎝です。なので１６５㎝以上ある女性は高身長の部類に入ると思います。

プロフィールの選択欄には身長を数字で選ぶ項目がありますが、身長が１６５㎝以上ある方は自己紹介でもしっかり言葉で「高身長です」「背が高いです」と書いておきましょう。すると「背の高い女性が好きなんです」という男性がたくさん現れます。高身長女性が好きな男性、あるいは身長差を気にしない男性に、しっかり刺さるのです。背が高い女性は、それだけで活発で明るそうな連想をしてもらいやすくなります。実際は関係ありません。〝そう見える〟ということが大事なのです。

くれぐれも身長を低く申告するのはやめてください。ときどき婚活男性から「逆身長詐欺」の話を聞きます。女性と会うと、想像より高いことがよくあるそうです。これではイメージギャップで印象を落としかねません。

アポでは姿勢に気をつけるようにしましょう。背が高い女性はつい背中を丸めがちですが、猫背は老けて見えます。背筋をシャンと伸ばしてください。

自分より背が低い男性とアポに行く場合でもハイヒールを履いていきましょう。変に気を遣ってぺたんこ靴にする必要はありません。お相手は身長差を知ってて誘ってるわけですし、靴で調整してもたかが知れてます。身長差に気を遣うより自分を綺麗に見せることのほうが大事です。

なおマッチングアプリには１９０㎝以上の男性もよくいます。高身長な女性でも背丈で気後れせずに済む男性とのご縁が見つかりやすいです。身長を重視される場合は、積極的に探してみるといいでしょう。

16 レアな職業の女性、ハイスペ女性

原則、プロフィールでウソをつくのはナシなのですが、少しのヒントで自分の職業や居場所が特定されてしまいそうな方は、詳細はボカすなり、フェイクを入れるのもやむなしかと思います。

わたしにご相談いただいた方で、陶芸家の女性がいました。住んでいる地域が窯業《ようぎょう》地《ち》であるため、メッセージのやり取りですぐ「〇〇焼ですか」と聞かれてしまうそうです。作品を出している展示会や、販売場所もすぐに特定されてしまうとのことでした。

陶芸家のような珍しい職業についてると男性の興味を引きやすい反面、身元を特定されたり、仕事のことばかり聞かれて面倒くさいかもしれません。そういう場合はクリエイター系、ものづくり系、と言うにとどめておき、「詳しくは仲良くなってから」

で濁してもいいでしょう。ただしこの場合、自分の職業について話せない分、相手の仕事についても聞きにくくなってしまいます。

また、ハイスペ女性もプロフの作成は注意が必要です。

年収500万以上の女性は上位5％の高年収層に入ります。最初から正直に公開していると、ヒモ気質の男性が寄ってきます。それを避けたければ年収は少なめに登録したほうがいいでしょう。

ほかにも高学歴、海外経験あり、難関資格ありといった女性も同様です。あなたより高いスペックの男性はそもそも数が少ないうえ、一般的に女性のスペックは武器になりずらくプラスに働くことはありません。プロフを正直に書くと画面から威圧感が漂います。

「ハッ！くだらない。わたしのスペックにビビるような軟弱男は願い下げ！」

という考え方もありますが、不必要に敷居を上げる必要もありません。「昭和かよ、男尊女卑かよ」と笑われるかもしれませんが、いつの時代もどんな男性も、結婚相手に求めるのは気楽さ、ハードルの低さです。

ですから年収や学歴、資格は空欄にするか、フェイクを入れたほうがいいでしょう。

わたしも海外旅行は10数カ国まわり、年単位で海外に住んでいたこともありますが、婚活中はそういう経験はすべて封印し、話すとしても「ハワイなら行ったことある」くらいにとどめていました。相手が外資系社員だったり海外通だった場合のみ、情報を出していく感じです。バカバカしいかもしれませんが、その程度で男性のプライドを満たせるなら安いものではないでしょうか。

17 一歩踏み込んだ趣味の書き方

趣味については、何をやってるかだけではなく、もう一歩踏み込んで、**相手にメリットやデート中のイメージが伝わるように書いてください。**

たとえば「週末はテニスをやっています」、これだけだと読んでいるほうは「だから何？」で終わってしまいます。

- テニスをやっているので体力には自信があります
- テニスが好きなので今度のジャパンオープンで観戦デートしたいです

というように、もう一歩先まで書いてください。

海外旅行が好きなら、「旅行英語なら話せますのでお任せください」。温泉が好きなら、「肩こりに効く秘湯を知っています」。映画が好きなら、「60インチの大画面テレビで観ています」というようにです。

料理アピールをしてる方は多いと思いますが、これもどうせなら、

●魚の三枚おろしができます
●20分で一汁三菜作れます
●毎日手作り弁当持参してます

というように書きます。3行も4行もいりません。1行でいいので、「どういうふうに得意なのか？」を具体的に書くと印象に残るでしょう。

ダイエットは万人に刺さるネタなので、ダイエットにからめて筋トレやスポーツ趣味を書くのも有効です。「3カ月で5キロ痩せました」とか書くと非常にキャッチーです。

18 住んだ場所、行った場所で親近感を出す

共通の場所を知っている、というのはそれだけで親近感を抱きやすいものです。自己紹介文のなかに住んだことがある場所、旅行で行った場所を列記してみるのもいいと思います。

たとえば、

●上京してから、八王子、吉祥寺、中野に住んでいました
●国内旅行は、金沢、福岡、仙台に行きました

などです。するとそこに土地勘のある人と会話がはずみます。

転勤や出張が多い方は、仕事で訪れた場所を書いてみてもいいでしょう。

●月に一度は神戸に出張で行きます
●先月まで大阪に住んでいました

といった感じですね。

また「いまは実家から離れたところで暮らしてるが、いずれUターンしたい」という希望がある場合も書いておきましょう。

●福岡出身で東京在住10年ですが、いずれ九州に戻りたいと思っています

こうすると東京と福岡でご縁が作りやすくなるでしょう。

19 自己紹介は200〜300字

自己紹介は200〜300字程度でOKです。あまりあれこれ書いても読まれないし、覚えてもらえないからです。

普通の人は一語で表現されることを嫌います。「オレは真面目なだけの男じゃない」「わたしは明るいだけの女じゃない」って。「本当はもっと複雑で深みのある人間なんだぞ！」って思われたい。だからプロフにいろいろ書くわけですが、そうすると輪郭がボヤけます。**よく知らない人のいろいろな面を見せられても印象に残りません。**

ですからマッチングアプリではある程度自分のキャラを絞ってアピールしたほうが

いいでしょう。10人中9人からスルーされても1人にグッとくる書き方をしましょう。あれもこれもと載せない。言いたいことは1つか2つに絞ってください。

尖ったプロフで思わぬ魚が釣れることはあります。しかしその場合、相手も尖っているので、だいたい長続きしません。やはりプロフは王道、ベタ、万人ウケでいったほうがいいと思います。

20 最初の50文字が重要

自己紹介では、冒頭50文字が超重要です。このなかに自分の一番の特徴、一番言いたいことをねじ込みましょう。なぜならこの部分は検索結果に表示されるからです。ここで印象的なアピールができればプロフィールを開いてもらいやすくなります。

よくプロフィールの最初に、

- ●はじめまして。登録したばかりですがよろしくお願いします
- ●プロフィールをご覧いただきありがとうございます

●普段の生活では、なかなか出会いがないので登録しました

といった挨拶を書かれている方がいますが、これらは不要です。一見丁寧なようですが、まわりくどいですし誰にも刺さりません。もっと印象に残るような自己紹介をガツンと書いてください。

わたしはベタに料理アピールをしていました。糖質制限を意識して料理を作ってるので一行目に「太らないプリン作れます」と書いたところ、マッチングした全員から「太らないプリンって何ですか？　ほんとですか？」と聞かれました。ここから食べ物や健康の話題に広げていき、距離を縮めたいと思った人には「仲良くなれたらぜひ召し上がってください」と言うのがわたしの常套《じょうとう》手段でした。のちに夫も「プリンに釣られた」と笑ってました。

なお、Omiaiとヤフーパートナーには同性のプロフを見れる機能があります。ライバルはどう書いてるか、自分はどう書けば差別化できるか、考える際の参考にしてみるといいでしょう。

Omiaiは、マイページ→自分の写真をクリックで「同性人気会員のプロフィールを参考にする」というリンクから見ることができます。

ヤフーパートナーは、自己紹介文を入力するとき「人気の会員を参考に」というボタンが出てきます。これをクリックすると同性のプロフィールを4人分見ることができます。

21 不定期休を選びチャンスを広げる

土日休みの方でも、有給が取りやすかったり、リモートワークで時間を作りやすい状況なら、試しにプロフの休日を「不定期」にしてみるのも手だと思います。そうすると「平日休」や「不定期休」の方ともご縁ができやすくなります。

平日休みのお仕事には次のようなものがあります。

- ●サービス業（販売業・接客業）
- ●病院勤務

●交通関係（鉄道や航空会社）
●消防士
●警察官（交番勤務）
●工場勤務
●不動産関係

これらの職業についている方は、お相手選びでまず「休日が合うかどうか？」を重視しています。どうしても、「カレンダー通りの勤務の人とは合わないな」と遠慮しています。ですから、ある程度時間に融通がきくのであれば、平日休を選んでマッチングする層がどう変わるかを試してみてもいいでしょう。

フリーランスの方も、選択項目で選ぶだけでなく自己紹介に「時間は融通がききます」と一言書いておくと、より強く伝わります。

22 お断りより歓迎するタイプを書く

「○○な人はいいねしないでください」「○○な人はお断りします」といったお断りは書かないでください。神経質でうるさそうな印象を与えてしまいます。たとえそれらに該当しない人が読んだとしてもいい気持ちはしません。

また、それを書いたところで選別の役には立ちません。なぜなら、そういう遠慮したい人ほど、いいねするときはプロフィールをよく読んでいないからです。

よくあるのが「ヤリモク（※）はいいねしないでください」という文章。これだと読んだ人は、「この人、ヤリモクに会ったことがあるのかな。騙されやすい人なのかな」と勘繰ってしまいます。

タイプを書くならお断りより、歓迎するタイプを書きましょう。

- 真面目に婚活されている方はぜひいいねください
- 近県にお住まいの方は歓迎します
- プロ野球が好きな方と仲良くなりたいです

というようにです。そうすると前向きな姿勢が伝わります。

※ヤリモク……性行為を目的として近づいてくる男性のこと。また性行為を目的に近づいたり付き合っている女性のことをいう場合もある。「やり目的」。

23 つぶやき機能で上位表示

マッチングアプリには、LINEの「ひとこと」のような短いメッセージを投稿できる機能があります。

ペアーズだと「つぶやき」を更新すれば、検索結果でプロフ写真が一緒に表示されるので、目にとまりやすくなります。「返信早いです！」とか書くと、積極的な姿勢が伝わりますね。「寒くなったのでお鍋が食べたい」のように、デートに誘いやすい文言でもいいと思います。「最近カメラにはまっています」などのように趣味や興味のあることを投稿してもいいでしょう。

投稿時間は、ログインユーザが最も増える夜8時〜24時の間にすると効果的です。反応をもらいやすくなります。

ヤフーパートナーとユーブライドにも、140字まで投稿できる機能があります。こちらは写真も一緒に投稿できるので日記のように使えます。プロフ以外に伝えたいことがあれば利用してみるといいでしょう。

24 コミュニティでキャラを出す

ペアーズには「コミュニティ」、ヤフーパートナーには「グループ」という、自分の価値観や趣味趣向をアピールできる機能があります。「お肉大好き」「温泉大好き」「ギャンブルしません」「夏までに恋人を作りたい」などいろいろあります（Omiaiとユーブライドにはコミュニティ機能はありません）。自己紹介の補足として使うこともできますし、同じ趣味や価値観の人を探したいときにも便利です。

たくさんあるのでどれに入ろうか迷ってしまいますが、ページをまたぐほど多く入ってもなかなか覚えられないので、入るとしても3〜5個くらいがいいと思います。

わたしは目立つように「思いやりのある人が好き」というコミュニティに一つだけ入っていました。

【避けたほうがいいコミュニティ】

「自分より背が高い人が好き」「外人顔がタイプ」のような相手を限定するようなコミュニティはやめたほうがいいと思います。該当しない人が見たら、いいねをする前にあきらめてしまう可能性があるからです。「太った人はNG」「度胸がない人はアウト」など否定語句が入ってるコミュニティも控えましょう。いったい何様のつもりだと思われてしまいます。

【強調に使う】

似たようなコミュニティに複数入って、あえて強調するという使い方もあります。たとえば、「コーヒーが好き」「コーヒーの香りに癒される」「スタバ好き」の3つに入っていれば、「この人は本当にコーヒーが好きなんだな」というのがストレートに伝わります。カフェにも誘いやすいですね。

25 プロフによくあるＮＧ表現集

プロフィールの自己紹介で非常によく見るＮＧ表現を紹介します。

●友達にすすめられて登録しました

↓「自分から進んで登録したわけではない＝やる気がない？」と勘繰られます。基本的に登録理由は不要です。プロフには書かず、相手から聞かれた場合のみ答えてください。

●人見知りです

↓「人見知り」は幼児に対して使う表現なので、社会人が自分から言うと不自然です。「初対面の方とは緊張しますが頑張りますのでお願いします」などに言い換えましょう。

●若く見えます

↓これも非常に多いのですが、こう自称している人の９割は年相応の容貌をしています。実際に言われていたとしても自分からアピールしないほうがいいでしょう。

●彼氏と別れたばかり

↓「モテないわけじゃない」と言いたいのかもしれませんが不要です。過去の男性を匂わせるのは悪手なのでやめましょう。（交際編「14恋愛遍歴は根ほり葉ほり聞く」を参照）

●普段会えない人に会えたら嬉しいです

↓これはサンプルとして登録されているのでそのまま使ってる人が多いのですが、「普段会えない人」という意味がわかりにくいので、理想があるなら自分の言葉で書きましょう。

●渡辺直美さん似です

↓太ってる自覚があるらしき女性がよく書いているのですが、渡辺直美さんに失礼ですし全然面白くありません。「直美似♡」と開き直る前に痩せてください。

●毒親育ち、こじらせ、デブス、底辺といった自虐

↓こんな表現を見て「よしよし大変だったんだね。オレが癒してあげるよ」などと言う男性はいません。自分で自分に呪いをかけているようなものです。やめましょう。

●今月末で退会します、期間限定でやってます
→引き留めてほしいという他力本願な姿勢が伝わります。
●使い方がわかりません
→読んでるほうは知ったこっちゃありません。わからないことは自分で調べてください。

26 これだけは避けたいブスしぐさ

婚活をしていると、無意識のうちに男性を上から目線でジャッジする癖がついてしまうことがあります。すれ違っただけの男性を勝手にアリナシ判定するのはやめましょう。それは典型的な「ブスしぐさ」です。

男性をアリナシ判定していれば、自分が上に立てた気分になれるのかもしれませんが、口説かれてもいない相手に対して「タイプじゃない」などと言うのはおかしな行動です。むしろよく知れば気の合う素敵な恋人だったかもしれないチャンスを、みずから潰しているともいえます。

とある女性に「この男性のインスタが面白い」と送ったところ、彼のプロフにあった趣味を見て「旦那ならナシだね〜」と言い出したので驚いたことがありました。「彼氏にどう？」と紹介したわけではなく、あくまで話のネタとして送っただけだったのですが、彼女は無意識のうちに「結婚相手としてアリかナシか」判断していたようでした。

指摘したところ彼女もハッとしていましたが、これは本当に気をつけたほうがいいと思います。男性を見て心のなかで「ないわ〜」と思うだけならかまいません。しかし口に出してしまうのはまずいです。

婚活女性同士でつるむと男性の〝アリナシ品評会〟になりがちです。しかも年齢が上がるにつれその濃度は濃く、辛辣《しんらつ》になっていきます。品評会してるときの自分の顔を鏡でよく見てください。歪んでいないでしょうか。

また**モテない女性ほど「いや」「でも」「だって」が本当に多いです。**自分では気づいていないでしょうが、二言目には「いや」「でも」「だって」と言っています。いまからこの3ワードは禁句です。使わないようにしましょう。

27 恋活と婚活の違い

婚活がしたいのか、恋活がしたいのかゴッチャになってる女性がいます。「どっちも同じでしょ」と思ってる方、全然違います。いまから解説しますから、混同してる方はしっかり違いを認識し、あなたはどちらがしたいのかを考えてください。

婚活は「選ばれてからスタート」です。お付き合いする男性は、結婚願望があり自分に興味を持ってくれた人のなかから選ぶのが大セオリーです。最初はピンとこなくてもお付き合いしてればエンジンがかかってくるのが女性です。男性は最初から、女性は途中から（あるいは女性も最初から）結婚を視野に入れてお付き合いできるので、価値観のすり合わせがしやすいのがメリットです。価値観が合えば最短でゴールできますし、合わなければすぐお別れできます。とても効率的です。

一方、恋活は「選んでからスタート」します。女性にはセックスという強い武器があるので、付き合うだけなら男性を選ぶ立場でいられます。これは難しくありません。そして「好きな男と付き合うことさえできれば、愛と絆が深まって自然と結婚に向かうはず」と思いがちなのですが、これは大きな勘違いです。男性は女性と同じテンションでは動きません。最初から結婚を考えてなかった男性が、付き合いながら気持ちが高まって結婚したくなるなんてことはほとんどないからです。むしろ冷めていくのが普通です。

「好きになった人と付き合ってから結婚した〜い」ということにこだわって自分の恋愛感情を優先してると、何カ月も何年も付き合ったのに結婚できないというムダ打ちばかりが増え、どんどん時間が過ぎていきます。

あなたがいまは恋愛を楽しみたいだけで、その先に結婚がなくてもいいというのなら恋活でもかまいません。しかし結婚も視野に入れているのであれば婚活すべきです。

「わたしが結婚しないのは好きな男に出会えてないだけ」と、さも自分は好きな男さえできればいつでも結婚できる、みたいなことを言う人がいますが、いくらこっちが好きでも相手にもそう思われなければ、ずっとあなたは結婚しない女ではなく、〝結婚できない女〟です。結婚は自分の都合だけではできません。

婚活といいながら、動きが恋活になってる人は苦戦します。結婚したいなら、はっきり婚活をしましょう。

28 結婚までのアプリ運用ルール

「登録編」の最後に、マッチングアプリで結婚するまでの運用ルールをざっと書いてみたいと思います。

足あとをつける……女性から
⇐
初メッセージ……男性から
⇐
アポのお誘い……男性から
⇐
お礼メッセージ……男性から

⇐ **LINEの交換……**男性から
⇐ **2回目以降のお誘い……**男性から
⇐ **告白……**男性から
⇐ **プロポーズ……**男性から

つまり女性から起こしていいアクションは、「足あと」のみです。それ以外はすべて男性主導で進めてください。決して女性から迫ってはいけません。

「男性には狩猟本能がある」と聞いたことがある方もいると思います。基本的に男性は、「女性をつかまえたい！　自分でハンティングしたい！」と思っています。どれだけ頼りなく見える男性でも、彼女は自分で選びたい、人に指図されたくない、自分で決めたい、と。

にもかかわらず女性からＬＩＮＥしたりデートに誘ったりすると、その男性の本能をへし折ることになってしまうのです。女性に誘われて喜ぶのは怠慢な非モテだけで、普通の男性なら「あっ、もう落とせたのか。つまんね」となってしまいます。

交際中の倦怠《けんたい》期やトラブルを乗り越えるには、男性に告白してもらって「この子は僕が口説《くど》いたんだ」という確かな手ごたえを与えることが必須です。これがあれば問題に直面したとき「面倒くさいけど、オレから『お願いします』って言ったんだからがんばらなきゃな」という気持ちになります。

しかしお付き合いの決め手を女性が打ってしまうと、「お前が好き好き言うから付き合ってやったんだろ」と絶対に言われます。問題が起きたら「お前が解決しろ。お前が我慢しろ」と言われてしまいます。そうなりたくなければ面倒でも最初のアプローチは必ず男性にしてもらってください。

かといって女性も口をあけてボーっと待ってればいいというわけではありません。男性が誘いやすいように、あなたからも「脈ありアピール」は必要です。具体的にどうすればいいかについては、次章から詳しく解説していきます。

コラム②

結婚相談所も検討したがやめた理由-1

実は婚活を進めるにあたって結婚相談所も検討しました。

マッチングアプリは無料で手軽で便利なのはいいのですが、結婚願望がある人を見つけるのは手間がかかるので、「最初から結婚願望がある人と出会えるのなら大金を払う価値はあるかもしれない」と思ったのです。

しかし、いろいろ調べていくうちに「どうもその価値はないようだ」との判断にいたり、早々に結婚相談所は使わないことにしました。

以下にその理由を述べます。

【結婚願望のない会員もいる】

実は結婚相談所には、結婚願望がない男性が多くいるということを、結婚相談所のなかの人が暴露しています。

婚活アドバイザー植草美幸さんは２０１９年11月に『東洋経済』に寄稿された『「エンドレス婚活」に陥るエリート男性の特徴』という記事でこう書いていました。

●20代なのに結婚相談所歴が２つも３つもある「婚活渡り鳥」がいる

●相談所を渡り歩いて評論ばかりしている「婚活評論家」がいる
●人気男性は「たくさんの女性に会えるからいつでも結婚できる」と勘違いしている
●アドバイザーに褒められることが目的になっている男性がいる

結婚という目的を見失ってダラダラいつづける冷やかし会員が、たくさんいるのだそうです。

また結婚相談所で働くカウンセラーのツイッターでもやる気のない会員の存在は日々発信されています。

以下はすべて実際にツイートされていたものです（原文ママ）。

●「この人は本当は結婚したくないんだろうな」という方が結構います（Eさん）
●残念ながら結婚相談所のハイスペ男性のなかには結婚本気度高くない男性も一部存在する（Sさん）
●「親に言われて婚活したけど、結婚は考えてない」という人はいる（Mさん）

●結婚したいと言ったのは気まぐれだったという、勘違いな乙女は少なくない（Kさん）

結婚相談所に入っているからといって、結婚願望があるとはかぎらない！「であればマッチングアプリで婚活しても変わらないのでは？」と思ってしまいました。

また、さまざまな婚活関係のSNSを見ていると、結婚相談所を利用してる人は高確率でアプリもやっていることがわかってきました。相談所にいる男性とは、相談所に行かなければ会えないわけではないのです。本当にご縁のある男性なら、マッチングアプリでもつながれるでしょうから。となると「相談所にお金を払う意味って？」と考えてしまいました。

【成婚退会の定義が統一されていない】

結婚相談所が実績として公開している成婚退会者数ですが、これには業界標準がありません。相談所によって定義も計算方法も全然違うのです。

成婚は「結婚前提のお付き合いが始まったら」とするところもあれば、「プロポーズしてから」「親に挨拶してから」「婚約してから」と相談所によってバラバラです。「よそで恋人が見つかったけど在籍していたから」というだけで成婚退会者数に含めているところもあります。

また成婚退会率も、計算方法や算出期間が相談所によって違うため、その幅は10％から90％にまで及びます。

つまりそれぞれの相談所が、自社に都合よく見える数字を出しているのが現状なのです。

これでは相談所ごとの実績を並べて比較することはできません。比較できないから選ぶこともできません。入会するにはパンフレットの豪華さや相談員の愛想笑いという、実績とはなんら関係ない情報で判断するしかないのです。

（結婚相談所も検討したがやめた理由－2に続きます）

Step
2

マッチング編

プロフィールを登録すると男性からいいねが届きます。
この「マッチング編」では、男性のプロフの
チェックポイント、メッセージのコツ、アポの約束の仕方など、
いいねをもらってから実際に対面するまでの
流れについて解説します。

1 いいねを増やす方法

プロフィールを登録すると、新着会員としてしばらく検索上位に表示されるので、男性からたくさんのいいねが届きます。しかしその勢いも数日で落ち着いてくるので、そうなったら男性のプロフィールに足あとをつけまくりましょう。

プロフをじっくり見る必要はありません。ポンポン足あとをつけていくだけでOKです。男性は必ず自分の足あと履歴を見ているので、あなたに興味がわいたらいいねを返してくれます。これでいいねを増やすことができます。

あなたに届いたいいねの数は男性に見えているので、いいねが多いほど人気女性に見え、魅力的に映ります。ですからいいねはなるべく多くもらっておきたいところです。

足あとをつけるときの絞り込み条件は、ゆるめにするのがコツです。あまり厳しくすると、「希望条件から少し外れるが悪くない人」を見落としてしまうからです。最初のうちは、

●写真あり
●男性がすべて払う
●エリア
●年収
●年齢

の5項目くらいでいいと思います。まずはこれだけで検索に出てきた人数を見る。多すぎるようだったら、年収と年齢の幅を狭めるか、

●身長
●学歴
●婚歴

などの条件を追加して絞っていく（ただしこれも最初はゆるめに）。

首都圏だと検索結果が数千人になることもあるので、検索条件をずらしながら数日にわけて足あとをつけるといいでしょう。たとえばエリア以外の条件は固定させ、エリアだけ今日は東京23区、明日は東京その他、あさっては川崎市、というように変えていけば効率的です。

検索結果に1000人出てきた場合、1日200人足あとをつければ5日で終わります。2つアプリを使っていたら10日ですね。少々大変ですががんばってください。

わたしは1日100人、多いときで300人くらいの男性に足あとをつけていました。

自動的に足あとをつけてくれる足あとツールなるものが販売されていますが、これは使ってはいけません。規約で禁止されてるので強制退会になります。またツールからウイルス感染したり個人情報が流出するリスクもあります。

いいねが来てもマッチングしないならどんどんブロックしてかまいません。わたしは全部ブロックしてました。ご縁がない人に自分のプロフを見せておく必要はないからです。マッチングしなければ相手もいいねしたことはすぐ忘れてしまいますから、問題ありません。

2 女性からいいねしてはいけない

気になる男性がいても、女性からいいねしてはいけません。足あとをつけて様子を見るにとどめてください。

なぜかというと、**女性からいいねするとこちらに興味があるのかどうかわからない状態からスタートすることになってしまうからです。**

女性からのいいねは、男性にはこう見えています。

「えっ？ オレのことそんな好きなの？ オレに抱かれたいの？」と。ウソみたいですが本当です。

ほとんどの男性は自分からいいねしない限り女性と会話するチャンスは訪れません。ハイスペでもイケメンでも、待ってるだけではなかなか女性からいいねは来ないのです。

この状況で女性からいいねすると、「タイプじゃないけど、オレのこと好きみたいだから話してみよ」という暇つぶしの男性ともマッチングしてしまいます。これでは意味がありません。ノイズを避けるためにも女性からいいねはしないほうがいいでしょう。

真面目に活動している男性なら、必ず自分の足あと履歴もチェックしています。履歴にある女性を見て、興味を持てば必ずいいねをしてきます。すぐに反応があった場合、アクティブに活動していることも確認できます。

こうしてやりとりが始まれば、あなたはあなたに興味がある男性とだけやりとりができます。

足あとをつけても反応がない場合は、あなたがタイプではないか、いまはやる気がないかのどちらかです。放置しておきましょう。

もしどうしても気になって仕方ない男性がいるなら、しばらく時間をおいて写真を変えてから足あとをつけてみてください。それでもいいねが来なければ完全に脈なしです。あきらめましょう。

3 いいねが多い＝モテてるわけではない

マッチングアプリでは、女性というだけでいいねが来ます。特に登録直後はいいねがたくさん来ます。アラフォーでも少し写りのいい写真を載せれば、数百のいいねを集めるのも難しくはありません。

ただしここで勘違いしてならないのは、**男性からのいいねは「好きです！ 付き合ってください！」という意味ではない**ということです。だいたいは「(年齢と容姿が許容範囲内なので) 少しお話ししませんか」くらいのテンションです。

初心者さんは、いいねがたくさん来ると「わたしすごいモテてる」と勘違いして、浮かれてしまいがちなので注意しましょう。

いいねが増えてくると男性から「いいねの数がすごく多いですね。お返事来ないと思っていました」というような、こちらのいいねの多さに引いてるメッセージが来ることがあります。その場合は「そうですか？　他の女性もこれくらいもらっていると思っていました」とクールに返しておきましょう。

「そうなんです。いいねがいっぱいで大変なんです」というような、人気者気取りな態度をとってはいけません。プロフィールに「たくさんのいいねありがとうございます」と書くのもやめましょう。

なお男性のプロフィールにいいねが１００以上ついてたら、なんらかの裏技を使ってる、つまり遊びでアプリをやってる可能性が高いです。いくら好条件の男性でも普通に活動していたらそんなにいいねはもらえないからです。２００以上ついていたら婚活男性ではないと思います。

4 「男性がすべて払う」の人だけマッチング

いいねがきたらまずチェックすべき項目は「初回デート費用」です。マッチングするのは「男性がすべて払う」を選んでる人だけにしましょう。

結婚願望が本物の人は出会いにも本気なので「男性がすべて払う」を選択していま

【「男性がすべて払う」の人だけマッチング】

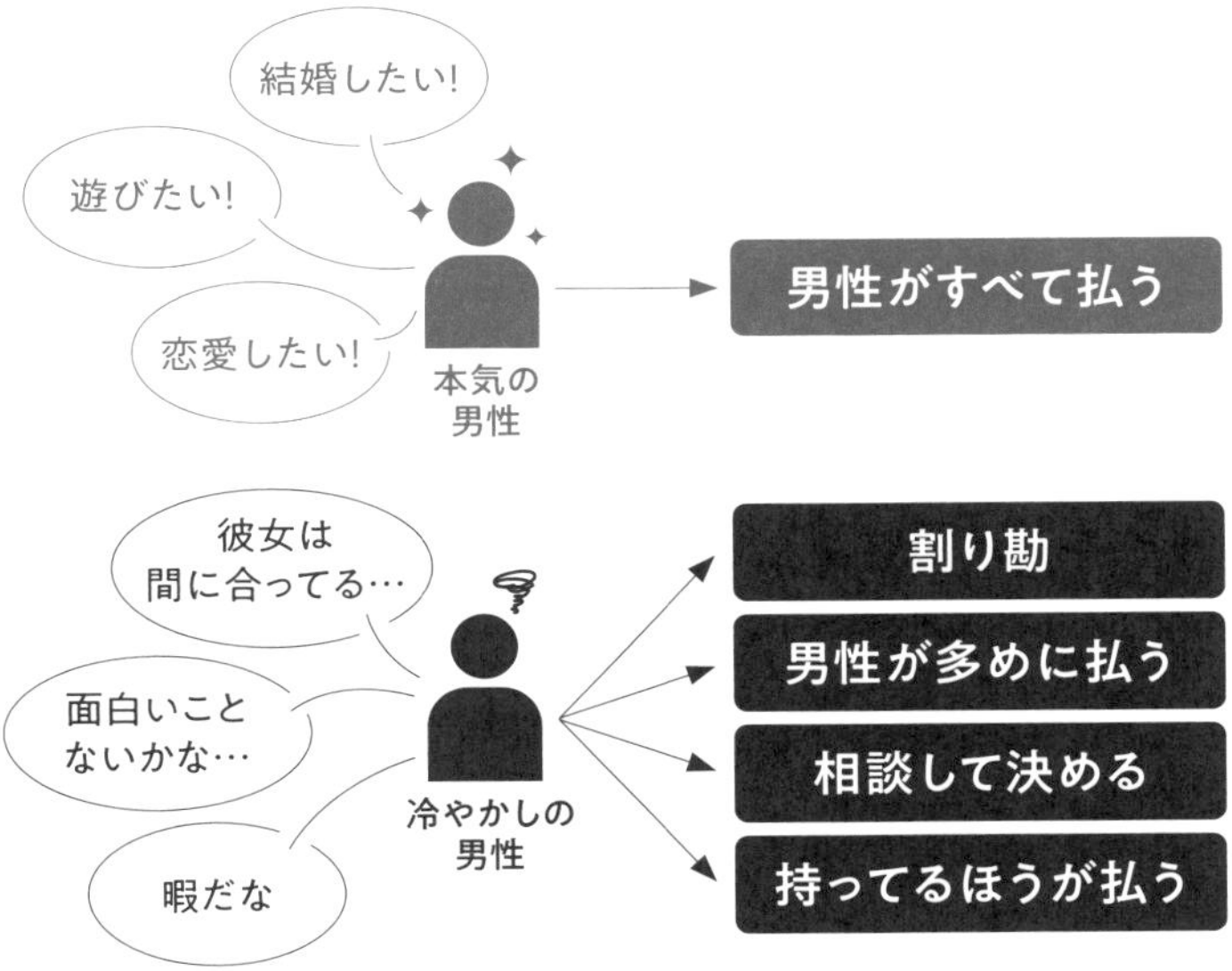

す。このなかには、彼女が欲しいだけの人や、セックス目的のヤリモクも含まれています。しかし全員に共通するのは「本気で女性と会いたい！」と思っているということです。

図解すると上のようになります。「男性がすべて払う」以外、「割り勘」「相談して決める」「男性が多めに払う」「持ってるほうが払う」を選んでいる人は「ご馳走《ちそう》してまであなたに会いたいとは思ってない」ということです。

カッコつける気もゼロです。普通の男性ならいいねする前に自分のプロフを見直しますよね。見直したうえで「男性がすべて払う」以外を選んでるということは、彼は「あなたにダサいと思われてもかまいません」と明確にアピールしているのです。思ってるだけじゃない、アピールしている。そりゃ会ってもダサい男しか来ません。

自分を良く見せることができる項目をわざわざスルーしているんですから、これはかなり強い意志とみていいです。もちろん結婚願望はありません。

「男性がすべて払う」を選んでいる人は、どのアプリにも3割ほどしかいません。なので、この段階で7割の人はマッチング非対象ということになります。

たとえプロフに「真剣に結婚相手を探してます！」「将来を考えられる方に出会いたいです！」などと書いてあっても、初回デート費用が「男性がすべて払う」以外になっている人は冷やかしです。

なお、初回デート費用が「空欄」の人は、割り勘男よりダメだと思います。「全部払うのはヤダ。かといって割り勘はカッコ悪く見える。相談て意味不明。そうだ空欄にしちゃお」という一番ダサいタイプです。ブロック推奨です。

さらにダサいのは、マッチングしたときは「男性がすべて払う」だったのに、やりとりの途中で「相談して決める」や「割り勘」に変更してる男です。マッチングのためだけに小賢《こざか》しい見栄《みえ》を張っているのです。あまりにセコすぎて絶句しますが、この場合も即ブロックでいいと思います。

5 最初のメッセージは男性から

最初のメッセージは男性から来るのを待ってください。こちらから「はじめまして」などと送ってはいけません。

マッチング後の一発目のメッセージは相手の出方を見るのに超重要です。「はじめまして」だけの人と「自己紹介、いいねした理由」が書いてある人では、モチベーションも気遣いも雲泥《うんでい》の差があります。**相手がどういうつもりでアプリを使ってるのかを知るためにも、自分からは絶対に送らないでください。**

しかし待てど暮らせどメッセージが来ないということがあります。これはいったいどういうことでしょうか。

一番多い理由としては、絨毯爆撃《じゅうたんばくげき》でいいねしただけ、というものです。プロフを見てからいいねしているのではなく、マッチングしてからプロフを見ているのです。メッセージが来ないのは、プロフを見て「ちょっと違うな」と思ったのでしょう。

女性からすると少々気分が悪いかもしれませんが、男性からするとこれは効率的なやり方ともいえるので仕方ありません。

とにかく最初の挨拶は相手から来るのを待ちましょう。最長で48時間くらいでしょうか。わたしの場合、48時間待ってもメッセージが来なければブロックしていました。

6 職業は具体的に聞くべし

職業は具体的に何をやっているのかまでしっかり聞きましょう。
●国家公務員と言っていたので、お役所仕事や官僚を想像していたら実は自衛隊員だった。
●外資系金融機関と言っていたので、トレーダーやアナリストを想像していたら実は保険営業だった。

●コンサルタントと言っていたので、コンサルティング業務を想像していたら実態はカスタマーサポートだった。

●「弁護士事務所に勤めてます」と言っていたので、弁護士かと思ったらパラリーガル（弁護士のアシスタント）だった。

なんていうことがよくあります。なんとなく雰囲気で職種を想像していると、勘違いしたままということになりかねません。

なお医者は漢字フルネームがわかれば厚生労働省のデータベース「医師等資格確認検索」で検索できるので利用してみるといいでしょう。

7 興味がわかないとき

マッチングしたものの「いまいち興味がわかない」といってすぐ終わらせてばかりでは、なかなかご縁につながりません。

そういう場合はどれだけ退屈でも

●10往復するまでは必ず続ける

●最低でも3回は質問する

というように、ノルマを自分に課してやってみてください。そのうち一人くらいは続けているうちに興味がわいてくるはずです。

なんならお相手を犬だと思いましょう。犬が日本語をしゃべってると思えば、何を言われても「おお〜すご〜い！」と感動できませんか。誤字脱字や読みにくいレイアウトも気にならなくなるでしょう。

逆に相手から質問がまったくなく「この人はわたしに興味があるのか？」「なぜいいねしてきたのか？」と思うときがあります。

婚活男性のなかには女性との距離感の詰め方がわからず、「メッセージでいろいろ聞いたら失礼かも？」と遠慮しすぎてる場合があるので

●「わたしについてもなんでも聞いてくださいね」

●「気になることがあったら遠慮なくどうぞ」

と一度は促してみてください。ちゃんとやる気がある男性ならそれでいろいろ聞いてくるはずです。

8 即レスは価値。返事はじらさない

メッセージは返せるときにポンポン返しておきましょう。「すぐ返信したらがっついていると思われるかも？」などと心配する必要はありません。わたしも基本的には半日以内、遅くても24時間以内にはすべて返していました。

恋愛本などではよく「返信を遅くしてじらす」というテクニックが紹介されています。こういう駆け引きはよほど空気を読むのに長《た》けている人以外はやらないほうがいいです。わざとやってることがバレると、一気に興ざめされてしまうからです。

マッチングアプリでは相手も複数の人とやりとりしています。返事が遅いとそれだけでチャンスを逃すことになりかねません。特にデートの調整局面ではすぐ返信してください。そのほうが好印象です。

そもそもメッセージで重要なのは「どちら発信なのか？」と「内容」です。

相手から「今日もがんばろう」「ランチ食べた」というような、とりとめもない雑談ならすぐに返してもまったく問題ありません。

しかし、あなたから「土曜日会いたい」「声が聞きたい」というような誘い文句を言ってしまうと、かなり前のめりに見えてしまいます。間をあけてゆっくり返信しても、これではダメです。

メッセージは男性から来たら答えること、自分からは誘わないこと。この2点を守れば即レスしてもまったく問題ありません。

9 ＬＩＮＥ交換は2回以上会う人限定で

ＬＩＮＥを交換するのは「2回以上会う予定のある人のみ」でいいと思います。つまり初アポの終わりに「また会いたい」と思ってからです。

理由は大きく4つあります。

1．ＬＩＮＥだとすぐにプロフが見れないので不便
2．ほとんどの人は会って一回で終わるので、交換しても続かない
3．既読のアリナシで余計な勘繰りを生む
4．ブロックしてもやりとりの削除はできないので、個人情報を守るという点からも微妙

というわけで会う前にＬＩＮＥを交換してもデメリットしかありません。初アポまではアプリのなかでやりとりすればいいでしょう。

一度会って、お互いに「次も会いたいな」と思えばだいたいＬＩＮＥやメールアドレスの話になります。そこで交換しても遅くはありません。

もし「ＬＩＮＥを交換したい」と言われたけど、あなたがしたくない場合は「あっ！充電が切れちゃってるんでアプリにＱＲコードを送っておいてもらえますか？」で逃げてください。

ただ、コロナ禍では初アポがオンラインの場合もあると思います。ビデオ通話にＬＩＮＥを使うならもちろん交換してかまいません。

10 LINEで絆は作れない

LINEというのは何百通やろうが思い出作りには役立ちません。1週間もすれば会話の内容はすべて忘れてしまいます。

その瞬間はつながってる感を得られるかもしれませんが、関係が切れたらゼロになる。何も残りません。

LINEを何往復もやるくらいなら5分でもいいから顔が見えるデートをしましょう。そのほうが思い出になりますよ。

11 タメ口で話しかけられたら

距離を縮めようとして、断りなくタメ口で話しかけてくる人がいます。あなたがまだその段階ではないと思うなら、つられないでガンとして敬語で話し続けましょう。すると相手も気づいてまた敬語に戻ることがあります。

いつまでたってもタメ口でくる人は、空気が読めないか馴れ馴れしいということになります。

文章は「少し堅いかな？」くらいでちょどいいと思います。相手は顔見知りの取引先くらいの距離感を保ちましょう。親近感を出したいからといって、スラングや顔文字、スタンプを多用するのは悪手です。文章の装飾に気を遣うくらいなら、誤字脱字はないか？　一読して意味の通る文章か？をよくチェックしてください。

敬語での会話期間は、長くなればなるほどタメ口にしたとき嬉しく感じられるものです。たとえ同い年でも最初のうちは敬語で話すのが無難です。タメ口にするときはなし崩し的にするのではなく、「いまからね」とちゃんと区切りをつけましょう。

12 「他に会ってる人いる？」と聞かれたら

「他にやりとりしてる人はいますか？」「他に会ってる人はいますか？」これも婚活男性から非常によく聞かれる質問です。わたしは、次のように答えていました。

「はい。何人かやりとりしていますが、素敵な方とお付き合いすることになったらア

プリはすぐやめるつもりです」

マッチングアプリでは同時並行はほぼ暗黙の了解なので、「あなただけです」というのは、事実だったとしても少々しらじらしく聞こえます。なので、ここは正々堂々と「いる」と答えます。

同時に特別な人が見つかり次第アプリはすぐにやめる旨も伝え、真面目に婚活している姿勢をアピールします。これでＯＫです。

あるいは相手を持ち上げる答え方も有効です。

「はい、います。ですが話が続かずに終わることが多いですね。○○さんは自然に話せて楽しいです。こんなに長く続く人はいません」

距離を縮めたいときはこちらでもいいでしょう。

せっかく聞かれたんですから、あなたも同じ質問をしてライバルの状況を確認しましょう。ただしここから婚活談義に広がらないように気をつけてください。こんな人がいた、こんな目にあった、などペラペラ話さないこと。そうすると恋愛モードではなく、お友達モードになってしまいます。婚活の活動履歴についてはあくまで軽く触れるにとどめましょう。

13 モテるでしょと言われたら

「モテるでしょ」と言ってくる男性は、あなたに好印象を持っています。彼は「オレでもイケるのか？」ということが知りたいのです。

ここで「モテません」と否定したのでは面白くありません。

相手にほんのり可能性を感じさせるために

「好きな人だけにモテたいです♡」と返すといいでしょう。「好きな人以外にモテても仕方ない＝一途《いちず》な女性」という印象にもなります。謙遜するなら「同性やお年寄りにはモテるんですけどね」と付け加えてもいいでしょう。

あるいは、ちょっと驚いて「えっ！　どうしてそう思うんですか？」と目を見開いて逆質問すれば、男性が大好物な〝かわいいのに自分の魅力に気づいてない女子〟になれます。これでもいいと思います。いろいろ試してみてください。

14 スペックは足切りとして使う

年収、学歴、身長といったスペックは足切り条件として使いましょう。

スペックを希望条件として使ってしまうと、該当する人に固執してしまいます。「理想の人だわ！」と舞い上がってしまい、思考停止して採点が甘くなってしまうのです。

そうではなく、**最低限満たしていてほしい条件をまず決める。**それを足切りとし、クリアしていたら、あとは性格とか価値観をじっくり見るようにするのです。

たとえば「年収400万円以上を希望」という条件にした場合、500万円の人、800万円の人、1000万円の人で差をつけない。年収価値は横一線とし、その他の条件で判断するようにします。

そうすれば特定の人に肩入れせず、複数の男性を冷静に見ることができます。候補者数も増えるでしょう。

15 「いい人がいれば結婚したい」もマッチング

結婚の希望欄は「いますぐしたい」「1年以内にしたい」の人はもちろん、**「いい人がいれば結婚したい」になってる人とも積極的にマッチングしてください。**

「いい人がいれば結婚したい」という表現がやや上から目線で、やる気がないように見えるかもしれませんが、このなかには本気で婚活してる人も混ざっています。

「本当はいますぐしたいけど、前面に出すとがっついて見えるから引かれちゃうかな。あと、結婚って自分の気持ちだけじゃできないし」みたいな理由で選んでいるのです。

何を隠そうわたしと夫も、プロフィールでは「いい人がいれば結婚したい」にしていました。なので取りこぼさないようにしましょう。

「2〜3年以内にしたい」の人はマッチング非推奨です。結婚願望はありません。

16 写真詐欺に遭わないために

プロフィールの写真と実際の外見が全然違うことがあります。これを「写真詐欺」と言います。

特に奇跡の一枚といえそうな、よく撮れた写りのいい写真を1枚しか載せてない人は実像が全然違う可能性が高いです。

また解像度が低く粗い写真だったり暗い写真だと、よく見えない部分は脳内で勝手に想像してしまうのでイメージと異なることがあります。

わたしの経験ですと、帽子をかぶってる写真の人は頭髪が薄いことが多かったです。またハイネックのジップジャケットで口から下がほとんど見えない男性と会ったときは、顔の輪郭がくずれてる人でした。やりとりのときは冬服を着た写真くらいにしか思ってませんでしたが、「あれは隠していたんだな」と会ったときに気づきました。横顔の写真しか載せてない人と会ったら、写真とは反対側の顔に五百円大のシミがある人もいました。

実際の外見がどうこうというより、〝隠してる〟という行為に不信感を持ちます。ということで、部分的にでも顔や身体がよく見えない写真には注意が必要です。

こういった写真詐欺に遭わないためには

- いつ撮影されたものかを確認する
- 複数の写真を確認する（遠影、近影、角度が違うものなど）
- ビデオ通話する

といいでしょう。

撮影時期は半年以内が望ましいですね。10年前の写真を平気で載せている人もいるので注意したいところです。

1枚しか載せていない人には、「もっと写真を送ってほしい」と依頼しましょう。もし送ってくれれば「本気度が高い」といえます。もちろん要求するからにはこちらも顔写真と全身写真、少なくとも2枚以上は公開していることが前提です。

もしここまでやっても写真詐欺に遭ってしまったら、明らかに相手には騙す意図があるので、もうその場で解散してしまっていいと思います。

「申しわけないんですが写真と印象が違うので、ここでお開きにさせてください。本日はありがとうございました。失礼いたします」でOK。気を遣ってお茶や食事に付き合う必要はありません。

17 変な写真を見たら「ラッキー」

写真詐欺とは逆に「いったい何考えてるの？ ふざけてるの？」と言いたくなるような見苦しい写真を載せている人がいます。

顔が切れていたり、ヨレヨレの部屋着で寝そべっていたり、ボサボサの髪でドアップだったり、加工アプリで猫耳やヒゲをつけていたり。最近は掲載基準が厳しくなってきたので減りましたが、風景や食べ物や車の写真しか載せていない人もいます。

こういう写真を見たらイライラするのではなく、「ラッキー」と思いましょう。彼はただ「女性と出会う場にふさわしい写真はこれだ」と考えているということ。あとはこちらが判断すればいいのです。

これがもし就活のように、アプリに載せる写真はヒゲをそって、髪型を整えて、スーツ姿で、キリッとした表情で撮るべし、などとテンプレート化されていたら、全員同じように見えてしまいます。真面目な人も冷やかしの人も区別がつきません。そうすると何往復もメッセージをやりとりし実際に会うまで人となりがよくわからず、「損切り」までに大変な手間がかかります。

違和感のある写真を載せてる人は、その人にとっての常識がそれというだけのことです。自分とは合わないと思ったら、**「わかりやすい判断材料をくれてありがとう」**と手を合わせてそっとブロックしましょう。

18 メル友男に付き合うのは時間のムダ

マッチングアプリに登録しているからといって、出会いにがっついている男性ばかりとはかぎりません。ただメールがしたいだけ、文字でおしゃべりできれば充分、たいして会いたいと思ってないむしろ会いたくない、という人がいます。

ずばり「メル友男」です。

「お金払ってメル友探し？」と思うかもしれませんが、これがけっこういます。女性とは画面越しの会話だけで満足しているのです。

1カ月とかやりとりが続くと、女性は「信頼関係ができてきた、絆が深まってきた」と思いがちですが、実際はただの暇つぶしである可能性のほうが高いです。

こういう人につかまって時間をムダにしないためには、やはりなるべく早めにアポすることでしょう。文字のやりとりは10往復、1週間もやれば充分です。

といいながら、わたしもとある男性と2カ月近くやりとりしてしまったことがあります。彼とは一度会ったものの、「実はいま研修中でしばらく忙しいので、次は3カ月後にお願いします」と言われました。研修のレポート作成で土日は全部潰れてしまうとのこと。

あまり興味がない企業の人だったらここで終わりにしていたと思いますが、彼は時価総額1000億以上の東証一部上場企業にお勤めで、研修とは部長昇進研修のことでした。

「こんな話を聞ける機会はあまりないな」と思ったわたしは、研修で何をやってるのか、どんなレポートを書いているのか、部長はどうやって選ばれるのか、講師はどんな人か、プレゼンの様子などあれこれ聞いてみたのです。彼からは毎日、律儀に日報のようなメールが届きました。

もはや婚活ではありませんが、まあまあ興味深い話が聞けたので良かったです。

19 キモい男に感謝せよ

マッチングアプリに登録するといろいろな男性からいいねが来ます。

10歳上の人なんて当たり前。なかには20歳上、30歳上といった感じで、親より歳上の男性からいいねが来ることもあるでしょう。小汚い格好の写真、空欄だらけのプロフ、つまらないギャグつきいいね、誤字脱字にタメ口全開のメッセージ。

「もう！　なんでこんな男からいいねが来るのよ！　キモいキモいキモい！」

と言いたくなるお気持ち、よくわかります。

でもこれだけは覚えておいてください。

あなたが無料でアプリを使えているのは、そういうキモい男性が課金してくれてい

るからです。彼らがお金を払ってくれているから、女性は無料でアプリを使えるのです。

どれだけキモくても、彼らにはいいねをする権利があります。

別に会話したわけでもデートしたわけでもないですよね。気持ち悪いと思ったらそっとブロックすればいいだけ。ただいいねボタンを押しただけの男性をそんなに嫌悪しないでください。

わたしたちは彼らに感謝こそすれど、忌避《きひ》すべきではありません。そっと手を合わせて「ありがとう」と言いましょう。

20 アプリの人は「アプリの人だけ」で比べる

出会い方もその人の印象を左右してしまいます。

たとえば

① 「友人の紹介」で会ったやる気のない男性

②「婚活パーティ」で会った普通の男性
③「マッチングアプリ」で会った誠実な男性

の3人がいた場合、先入観から、どうしても③のアプリの男性が軽く見えてしまいます。

もしも全員とアプリで会っていたら、③の誠実くんを選べたかもしれないのに、①のように友人の紹介が候補に入ったというだけでアプリの男性はかすんでしまうのです。また、同僚や同級生と比べてもやはりアプリで会った男性は軽く見えてしまいがちです。

なので、アプリで婚活する場合は、相手の男性をしっかり見るためにもアプリ以外で会った人とは「あえて比べない」ほうがいいでしょう。アプリの人はアプリの人だけで比べる、ということを強く意識してください。

21 やる気がある男性の特徴

マッチングアプリでやる気がある男性の特徴は次の通りです。

●初回デート費用「男性がすべて払う」
●24時間以内に返事が来る
●2週間以内に初アポの誘いがある
●質問にちゃんと答える
●初アポの時間・場所を女性に合わせる

以上を満たしていたら、片っ端から会ってきてください。

要は「何を言ったか?」ではなく「何をしたか?」です。言葉だけではなく、行動をよく見ましょう。

さらにいうと、結婚願望がある男性の特徴はこんな感じです。

●「いますぐ結婚したい」「1年以内に結婚したい」「いい人がいたら結婚したい（のうちの一部）」
●3回以内に告白してくる
●親や友達に会わせる
●半年以内にプロポーズ

行動が伴っていること、これが重要です。

22 口先だけの男性の特徴

逆に口先だけの男性はこういうセリフをよく吐きます。

●「新婚旅行はここ行きたいな」
●「子どもは2人欲しいな」

●「家は一戸建てがいいな」
●「結婚式にこの人呼びたい」

いかにも結婚に進みそうなセリフばかりですが、行動が伴ってない場合、すべて0点です。4歳児が「仮面ライダーになりたい」と言ってるのと同じくらいの空言《そらごと》だと思ってください。

いくら結婚前提で付き合っていても、こういう言葉しか引き出せてない状況なら、いつ破局してもおかしくありません。気を抜かないようにしましょう。

ほかにもデート段階で女性をときめかせるセリフがいくつかあります。

●「やばい、惚れそう」
●「他の男に取られたくないかも」
●「初めて会う気がしないな」
●「きみの彼氏は幸せだね」
●「きみにはなんでも話せる」

●「オレたち相性いいよね」
●「もし口説いたらどうする？」

これらはすべてただのテクニックです。彼はあなただけではなく、他の女性にも余裕で言っています。もしいまこれらのセリフを読んだだけで「キュン♡」となったあなたは黄色信号です。ご注意ください。

逆にあなたが男性に言うのはOKです。むしろどんどん言ってください。

23 ネットワークビジネスの特徴

マッチングアプリにはネットワークビジネスの勧誘をしている人もいます。「週3でジムに通ってます」「7冊の本を読んでいます」など、3と7の数字が書いてあったら勧誘者かもしれません。これはネットワークビジネスで最も稼いでるトップリーダーの誕生日を表しています。関係者同士のマッチングを避けるために、プロフに数字を入れることで〝しるし〟としているのです。

「スキンケア」「体内ケア」「ホームエステ」「予防医学」「美容医療」「新宿」などの単語がプロフィールに書いてあったら、これもネットワークビジネスの可能性がありま す。

また「ビジネスやってます」「一緒に働ける人探してます」「お金と時間が自由になる生き方について話したい」というような発言や、パーティでウェイウェイしてる写真があったら、これもちょっと怪しいです。注意しましょう。

24 やりとりは1週間、10往復で充分

マッチング後のやりとりはざっくり2パターンに分かれます。

1つはチャット型。1回2~3行の、会話のようなやりとりを何往復もします。会話の中身より、リアルタイム性が求められます。

もう1つは文通型。1日1~2通、数百文字のやりとりをします。即レスは求められませんが、一定の作文能力が必要です。こちらは圧倒的にアラフォー以上に多いですね。

【やりとりの回数と相手についてわかる量】

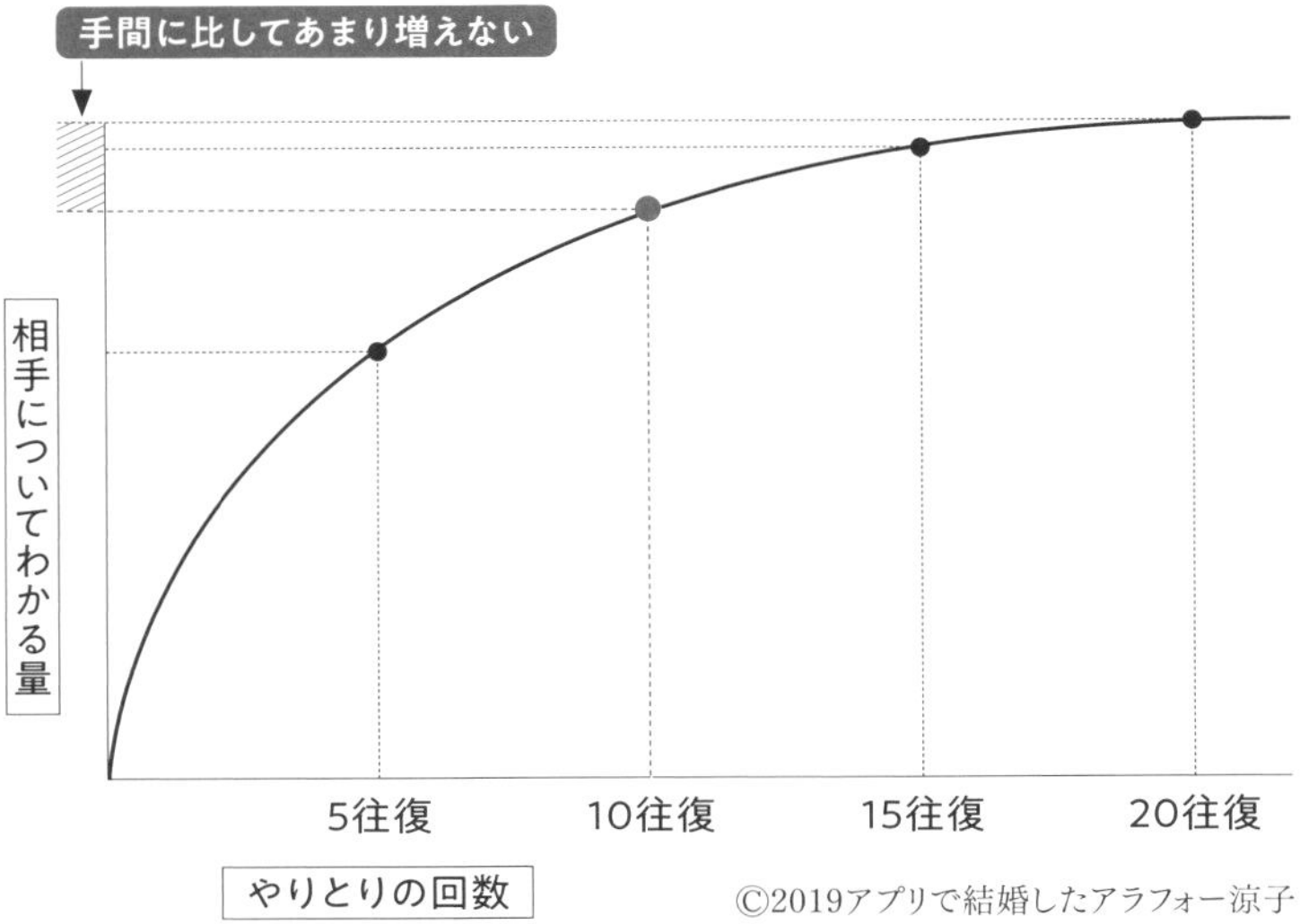

©2019アプリで結婚したアラフォー涼子

チャット型か文通型かにもよるのですが、アポに進むには10往復を目安にするといいでしょう。1日1～2通でだいたい1週間ですね。というのは**10往復を超えると手間に比して相手についてわかることはたかが知れてる（＝コスパが悪くなる）からです。**メッセージや会話から相手の本気度を見抜くのはとても難しいです。

長文で頻繁なやりとりをする人が誠実とか真面目とは限りません。ただのメル友の可能性もあります。ですから1週間、10往復でアポに入りましょう。

25 アポに誘わせる鉄板フレーズ

「そろそろアポに誘ってほしい」というときにわたしが使っていたとっておきのフレーズをお教えします。

「○○さんとはまだ文字だけのやりとりですが、とても楽しいです。実際にお会いしても話がはずみそうですね」

これで高確率で誘ってくれるはずです。ぜひ使ってみてください。
あとは〝暇アピール〟や〝ここ行きたい〟アピールなんかも有効です。

- 「今週末は3連休ですが、わたし特に予定がないんですよね」
- 「気になるカフェがあるんですけど、一人じゃ行きづらくって」
- 「最近封切した映画の○○、すごく気になってるんですよね」

間違っても自分から「会いませんか？」などと言ってはいけません。必ず匂わせにとどめてください。

ちなみにここまで来たら、**相手のプロフ写真をグーグルで画像検索にかけてみましょう。**フェイスブックやインスタグラムなどＳＮＳアカウントを発見できることがあります。アポの前により詳しい素性を知ることができるかもしれません。もし拾い物画像（ネットにある写真を無断流用）と判明したら、冷やかし確定です。通報してブロックしましょう。

アポのお誘いを受けて、いつがいいか？と聞かれたとき、スケジュールが変動的で即答できない場合は「回答できる日時」を言ってください。

- 「木曜になればわかる」
- 「明日の昼に返事する」

とかですね。「いま、あーでこーで忙しいから、うんたらかんたら」といった状況説明は不要です。端的に答えましょう。

26 アポ決定後メッセが来ない

アポの約束をしたとたん、パッタリメッセージが来なくなる人がいます。それまでは毎日マメにやりとりしていたのに急に止まると、少し不安になるかもしれません。

しかしこれはあまり深刻に考える必要はありません。

メールは単なる連絡手段としてしか使わないだけかもしれないし、文字による雑談が苦手なのかもしれないし、会う前にいろいろ話してしまうとネタが尽きると思ってるのかもしれない。

いくら考えてもわからないので、考えなくていいです。約束通りアポに向かいましょう。

約束が1週間以上先で、その間1通も来なかった場合はどうでしょうか。

わたしの場合ですが、こういうときは静観し、当日朝までにリマインドが来なかったらキャンセルしてました。こちらから確認はしません。約束する前のやりとりがどれほど盛り上がっていたとしてもキャンセルです。

というのは初対面の人と会うのに念押しをしないようなツメの甘い人とは、長いお付き合いは考えづらいと思っていたからです。「確認の連絡がないということは、そもそもアポを成立させたいというモチベーションもたいして高くないのだろう」と判断していました。

もしあなたは会いたいと思っていて、すっぽかしは困るというのなら、あなたから念のために「今日はよろしくお願いします」と送ってもかいまいません。しかしあなたはここまで、いいねも初メッセージもアポのお誘いも、相手主導で行ってきたはずです。最後の最後で念押しを女性がやるというのは、ちょっと違和感がありますね。

27 婚活は打算なのか

婚活してるとよくこういう声を聞きます。

「婚活って条件で選ぶ打算でしょ。わたしはそんなのイヤだから恋愛してから結婚したいな〜」

何か大きく勘違いしてるようですが、婚活とは対象者を絞りこむために、入り口で条件のフィルターをかけるというだけです。その後は職場や学校での出会いと同じで、お付き合いをして、最終的には好きな人としか結婚しません。

婚活を経て結婚された方は、短期間とはいえ、みなさんちゃんと恋愛を経て結婚しています。

自然に出会って恋愛から始まった人も、いざ結婚するとなれば「住む場所は？　子どもは？　転勤は？　同居するのしないの？」と条件を確認するはずです。いくら好きでも現実的な条件が合わなければお別れするしかありません。

婚活と恋愛結婚は、「恋愛感情と条件、どっちが先か」というだけで、プロセスに違いはありません。どちらも同じです。

そもそも結婚って、打算だけでできるほど甘くはありません。男性も女性も将来の伴侶を探しているわけですから、みなさん真剣です。

男性は「女性が考える以上に外見以外」を見ているし、女性だって「男性が考える以上に経済力以外」を見ています。

たしかに条件がよければ、とっつきではモテます。しかし性格や中身に難点がある人は、やはり最終的には破局しています。逆に条件が厳しい人でも、努力と情熱でご縁をつかんでいる人もたくさんいます。

婚活の結婚は、決して打算だけでできるものではありません。

コラム③

結婚相談所も検討したがやめた理由-2

（「コラム②」に続く「結婚相談所も検討したがやめた理由」その2です）

【退会するまでセックス禁止】

これは意外と知られていないことなのですが、多くの結婚相談所では、成婚退会するまで男女関係をもつことは禁止されています。

ヤリモク防止という意味が大きいようですが、交際編「12 セックスしてからが本番」で書いているように男女関係なんてセックス後にでいくらでも展開が変わる可能性があるのに、それを退会するまで確認できないというのはあまりにハイリスクだと思いました。

事実わたしのもとにはセックスに悩む婚活女性からのご相談が多数寄せられています。お付き合いが始まってから「セックス依存症」「ベッドに誘われない」「ED（勃起不全）」「包茎」などが発覚しているのです。これが婚約してから、結婚してからわかったのでは遅すぎます。

男女関係において一番肝心なところといってもいいセックスを、在籍中にしてはならないというルールがとても奇異に感じました。

逆を言えばセックスを重視していない方、結婚するまで（あるいは結婚してからも？）関係を持ちたくないという方なら結婚相談所はいいかもしれません。

【下品で口の軽いカウンセラーが多い】

結婚相談所のカウンセラーが書いているブログやツイッターを見ると、会員を笑いものにしている下品なアカウントが目立ちます。「昨日はこんな変な人が」「今日はこんな非常識な人が」とペラペラしゃべっているのです。やたら上から目線のダメ出しや、アドバイス通りに動かない会員に対する愚痴も多い。

全員がそうというわけではありませんが、何万、何十万円という安くないお金を払っている顧客に対する態度として大きな違和感を感じました。他業界のコンサルタントに比べても、結婚相談所カウンセラーの発信は段違いに偉そうなのです。

実際ある結婚相談所では仲人のことを「先生」と呼ばせています。仲人って先生なんでしょうか？意味がわかりません。

わたしみたいな中年女性が登録して「あれヤダこれヤダ」なんて言おうものなら、「きっとネットでクソミソ言われるだろうな」ということは簡単に想像できました。大金払って公開説教を受けるなんてバカバカしい。であれば「アプリでがんばったほうがいいな」と思ったのです。

【初回デート費用の項目がない】

結婚相談所だと、初回デート費用をどうするか確認するすべがありません。なぜならマニュアルで「初対面では男性が払う」と決まっているからです。「マッチング編」でもさんざん述べましたが、わたしは初回デート費用の項目こそが、相手のやる気をはかる最初の指標として重要だと考えています。本人の意思で出す気があるのかどうかを見たいのです。ですからマッチングアプリでもこの項目があるものだけを使っていました。「本当は払いたくないけど、決まりだから払います」なんていう人とは、たとえ好条件でも会う意味はありません。なのでこの指標が使えないのは不便だなと思いました。

【担保してるのは独身、学歴、年収だけ】

多くの結婚相談所は身元安心をうたっていますが、担保してるのは独身と学歴と年収くらいで、他の重要事項については相手から開示されるか、自分で確認するしかありません。

たとえば健康状態、疾病歴《しっぺい》、性的嗜好《しこう》、犯罪歴、離婚歴の内訳などです。離婚歴の内訳というのは再々婚（バツ2）以上はひとくくりになってるので、バツいくつなのか、さらに細かいことをいえば同じバツ2でも「離婚2回」「離婚と死別」「死別2回」のどれに該当するのかは自分で確認しなければならないのです。

さらに2020年1月には、某大手結婚相談所連盟のプロフィールから「宗教」の項目が削除されました。なのでこれも自分で要確認です。

つまりほとんどの重要事項については、相談所が担保してるわけではなく、開示も確認も会員の自主性にゆだねられているのです。

となると手間はマッチングアプリとほとんど変わりません。


といったことから、早々に結婚相談所の利用はしないことに決めました。


では結婚相談所のメリットは何かというと、デートのやり方を教えてくれることでしょうか。

デートに着ていく服がわからない、初対面で何を話せばいいかわからない、清潔感てなんなのかわからない、といった方には懇切丁寧な指導があります。

相談所カウンセラーの発信も9割が「デートのやり方」や「身だしなみ」という、婚活におけるエントリー段階についてのものばかりです。

ですから「デートのやり方を教えてほしい」という方なら、20万も30万も払って結婚相談所を利用する価値はあると思います。

しかし「それは間に合ってる」という方なら、マッチングアプリで充分でしょう。なんといっても無料ですので。

Step
3

初アポ編

会う約束ができたら、いよいよ〝初アポ〟です。
お付き合いに進むかどうかは初対面で
ほぼ決まってしまうので重要な局面です。
この「初アポ編」では、基本的な身だしなみや、会話のコツ、
深掘りに使える質問などについて解説していきます。

1 コロナ禍の初アポはオンラインで

コロナ禍以前は、やりとりしたら直接会うという流れが主流だったのですが、コロナが流行してからは、ビデオ通話による初アポが普及してきました。

ビデオ通話なら往復の移動時間も、飲食費もかからないうえ、なんといっても感染リスクがないのが最大のメリットといえます。

ビデオ通話で手ごたえがあったら、対面アポに進むようにするといいでしょう。ペアーズとOmiaiにはアプリのなかにビデオ通話機能があります。どちらも3通以上のやりとりをしたら利用できます。初回の通話は15分と決められているので、軽く顔合わせするのに向いています。

ＬＩＮＥのビデオ通話機能を使ってもいいでしょう。ＬＩＮＥなら1ギガで音声通話は約56時間、ビデオ通話なら約3時間話すことが可能です。

Zoom（ズーム）というウエブ会議システムもよく使われています。ＬＩＮＥだとＩＤの交換が必要になりますが、ズームならＵＲＬとパスワードだけで、ビデオ通話が可能です。個人情報を教えたくない場合はこちらでもいいでしょう。カメラ越しでも表情や声などからお相手の雰囲気はつかめます。積極的に活用していきましょう。

2 ビデオ通話のコツ

ビデオ通話する際に気をつけたほうがいいことをお話しします。カメラ越しとはいえ、これが第一印象となるので対面のアポと同じくらい気合いを入れて臨んでください。

【部屋を片付けておく】

背景となる部屋は片付けておきましょう。画角が広いカメラだと意外と部屋の隅々まで映ります。部屋を見られたくない場合は、背後が壁になるよう、カメラ位置を調整してください。ＬＩＮＥのビデオ通話なら、エフェクト機能で好きな画像を背景として設定できます。

【カメラを見ながらメイクをする】

メイクは鏡ではなく実際のカメラ写りを確認しながら行ってください。カメラ越しでは、黒は強く、赤は弱く映ります。アイラインやアイブロウを濃くすると、キツい印象になるので控えめに、逆にチークやリップは濃いめにすれば、明るく健康的に見えます。

【リングライトを用意する】

リングライトとは円状にライトが配置された照明機材です。三脚がついた「スタンド式（2000円～）」と、スマホに装着しやすい「クリップ式（1000円～）」があります。**光源は白色灯より昼色灯（暖色）のほうが、顔色がやさしく映るのでおすすめです。**楽天やAmazonなどの通販サイトで買うことができます。

【イヤホンを使い会話に集中する】

イヤホンだと音を綺麗に拾えるため気が散らず、会話に集中できます。iPhoneであれば、付属のイヤホンにマイク機能もついています。

【身振り手振りで感情を伝える】

カメラ越しだと、表情だけでは感情が伝わりにくいです。多少大げさに相槌を打ったり、手を動かすようにしましょう。リアクションはオーバー気味にやったほうがいいと思います。

【終了時間は事前に決めておく】

あらかじめ終了時間は決めておきましょう。通話時間は30分前後、長くても1時間程度でいいと思います。話が盛り上がってきたな、というところで切り上げれば次にもつながりやすくなります。なお、ペアーズとOmiaiの通話機能では初回は15分と決められています。

【話のネタになる小道具を用意しておく】

最近読んだ本、気に入っている音楽、雑貨など、やりとりやプロフィールで言及したものがあれば用意しておくといいでしょう。話を膨らませやすくなります。

【充電は満タンにしておく】

スマホでやる場合は、充電を確認し、バッテリーも用意しておきましょう。途中で充電が切れたり、残り少なくなって慌てたりしないようにしてください。

3 初対面は写真と同じ格好で

ビデオ通話で意気投合したら実際に会ってみましょう。

初アポはプロフィールに載せた写真と同じ服、同じ髪型で行ってください。そうすればイメージ違いでガッカリされるリスクを下げることができます。

写真と違う服を着る場合も、同系色で似たデザインのものを選んだほうがいいでしょう。自分では「服と髪型が違うだけなら、いつもと同じ」と思うかもしれませんが、初対面の人からすると全然違って見えるものです。

写真と違う格好で行って、相手を混乱させないようにしましょう。

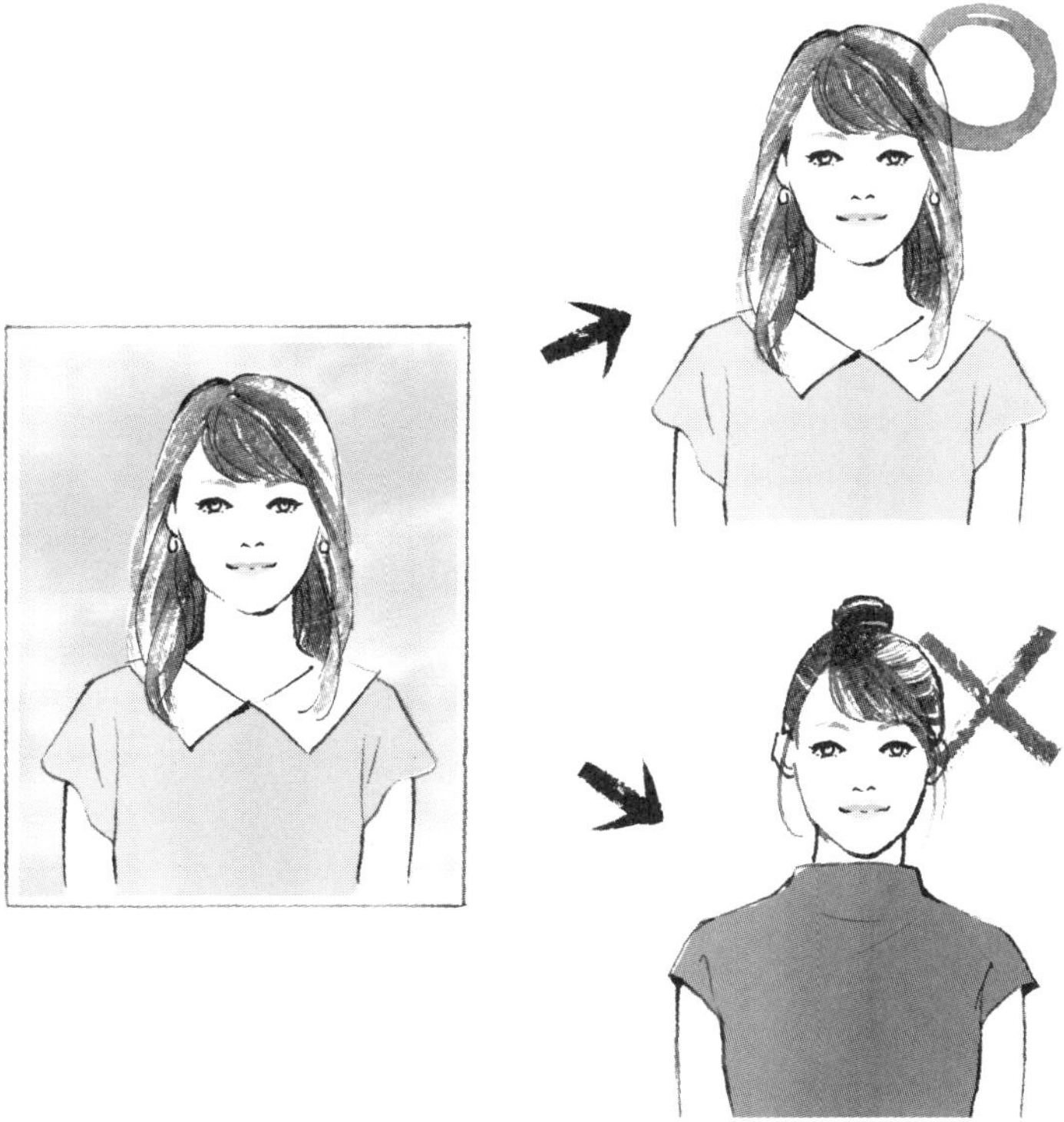

初アポはプロフィールに載せた写真と
同じ服、同じ髪型で行きましょう

4 対面アポの心構え

慣れないうちは、初対面ではかなり緊張すると思います。時間には余裕をもってお出かけください。

緊張しやすい人は「ショートコント！ アポ！」と声に出して言ってみましょう。相手も自分も役者で、これはコントなのだと思えば多少緊張もほぐれます。あるいは「婚活大喜利《おおぎり》」にでも参加するつもりで臨むといいかもしれません。テレビの『笑点』のBGMを脳内に流すといいでしょう。

「今日のアポは次に会う男性との練習だ」と思うのも有効です。次が本番で、これが練習。そう思えばリラックスできます。

逆に、婚活も長引いてくると初対面でも緊張しなくなってきます。〝手慣れてる感〟が漂うのはまずいので、もし緊張感がなくなってきたら、「久しぶりのアポ！ ドキドキ！」と思えるまで少しお休みしてください。

5 好感度を上げる身だしなみ15則

婚活女性におすすめな身だしなみを一覧にしてまとめました。

1．太っている人は痩せる。１５５㎝は53㎏、１６０㎝は56㎏、１６５㎝は60㎏を目安に維持すること（体重はいずれも日本肥満学会が推奨しているＢＭＩ22となる標準体重）。

2．髪が短い人はなるべく伸ばす。こだわりがないなら茶髪セミロングがおすすめ。白髪は完全に染める。

3．伸ばした髪はよくブラッシングし、ツヤを出す。「ここぞ」という勝負デートは美容院でシャンプーブローをしてもらってから行く。

4．一重まぶたの人はアイプチする。マスカラはパンダにならないように気をつける。カラコンは控えめなカラーならＯＫ。濃い色だとアンドロイドのような顔になるので注意。

5. しみ・そばかす・あざ・くまはコンシーラーでしっかり隠す。特に夏は顔だけでなく腕や足にも気を配る。目の下のくまが濃い場合、赤リップを塗ってから上にリキッドファンデを重ねると消せる。

6. 歯ならびが気になる場合は矯正も検討。ホワイトニングは美容歯科でやってもらうと確実。

7. 美肌を作る。毛穴やニキビ跡は美容皮膚科でレーザー治療する。深酒、喫煙は避け、日頃からストレスコントロールを意識する。

8. ジェルネイルは、ピンクかベージュの一色塗りかグラデーション限定。デコアート、長すぎ、尖りすぎはNG。ホットペッパービューティで「ジュニアネイリスト」でワード検索すると、安くやってくれるサロンを見つけることができる。

9. ムダ毛をしっかり処理する。特にヒゲ、指毛の処理が甘いと幻滅される。出先でも処理できるように電気シェーバーを常備する。通販で送料込み1500円くらいで買える。

10. パステルカラーの服を着る。派手な柄物はNG。濃い色もなるべく避ける。

11. スカートかワンピースを着る。パンツルック、露出しすぎはNG。

12. 靴・バッグ・財布は綺麗なものを。土汚れ、シワ、皮めくれはNG。バッグは小さめで定番デザインのものを。
13. ハイヒールは5㎝以上のものを。太ヒールはNG。
14. 香水・コロンなどのフレグランスはつけすぎないように注意。つけるなら柑橘系かフローラル系がおすすめ。
15. メイクのやり方はYouTube動画で勉強する。「プチプラ　初心者　メイク」「小顔メイク　エラ」「ツヤ肌メイク　乾燥肌」などで検索。

ここまでやればどんな女性でも〝雰囲気美人〟くらいには入れると思います。ほとんどの男性は本物美人と雰囲気美人の区別はつきません。**雰囲気美人でも第一印象でいったん美人枠に入ってしまえば、彼にとってあなたはずっと美人です。**上下スエットでスッピンぼさぼさでもあなたは美人として扱われます。その後のお付き合いがぐっとラクになります。

ナンチャッテで大丈夫です。なんとか雰囲気美人まで持っていきましょう。

6　男性から見て面倒な場所を指定する

初めて会う場所は、必ず女性にとって都合のいい場所、女性の家や職場に近い場所を指定してください。**男性から見て「ちょっと遠いな、面倒くさいな」くらいの距離だとベストです。**

これは初回デート費用の次に重要な、男性の本気度をはかる指標です。

本気の男性なら、１００キロ離れていても電車を乗り換えても必ず来ます。わたしは2県向こうに住んでる人でも、車で2時間かかる人でも、必ず最寄りの場所まで来てもらっていました。

逆に来ないということは、あなたに興味も結婚願望も持っていないのです。ですからそういう男性とは会う意味はありません。

暇だから、ついでだからといって女性が男性に都合のいい場所までノコノコ出向くのは絶対ダメです。それだと「会いたいから」ではなく「便利だから」という理由で会う男性が出てきてしまいます。

中間地点もダメです。就活にたとえるなら、いいねをもらった側は採用企業、いいねをした側は応募者です。面接するのに応募者が「わたしと会うなら中間地点で。御社も出向いてください」なんて言ったらおかしいですよね。初アポでノコノコ出かける女性は、それくらい非常識な応募者に会おうとしているということです。

ただ婚活男性のなかには悪気《わるぎ》なく中間地点を指定してくる人もいます。こういう場合は何も考えてないだけのことが多いので「すみません、そちらは遠いのでご足労いただけますか」と言えば、「あっ、わかりました。伺います」とだいたい来てくれます。

アポの場所を決めるとき、相手の提案に対してこちらがゴネるような展開を避けたければ、会いたいというタイミングですかさず「〇〇までお越しいただけるようでしたらぜひ！」と先手を打ってしまうのも手です。そうすればスムーズにこちらの都合のいい場所に決まります。

場所を女性が指定することは、既婚者やヤリモクをよけるのにも大変有効です。彼らは自分に都合のいい女性を探しているだけなので効率性重視です。面倒な場所にはわざわざ行きません。こちらが指定すればフェードアウトするかゴネるので、会う前に振り落とすことができます。

彼らの手口はパターン化しているので、言いなりにならなければ簡単にスルーできます。自分のルーティンから外れた行動をされるとすぐ萎《な》える、応用力も根性もなければ機転もきかないバカばかりなので。ですから場所は女性が指定しましょう。

希望場所まで来てもらう場合、お相手には事前に

●待ち合わせ場所の写真

●店の外観写真

を送っておくと親切です。初めて来る人には大きな安心材料になります。わたしはこれで「秘書みたいに気が利きますね！」と何度か言われたことがあります。

もし自分も相手も生活圏が近くて面倒な場所に呼び出すのが難しい場合、「ドトールで30分のお茶でよければ」というように、色気のない提案をします。そうすればお酒で酔わせたり、お店の雰囲気でムード作りができないので、遊び人だと目的が達成できないと察して萎えます。

7 おすすめ駅直結ホテルのカフェ

初アポのお店選びに悩んだら、駅直結ホテルのカフェラウンジはおすすめです。

- 場所がわかりやすい
- 雨天でも濡れずに移動できる
- 座席にゆとりがあるので会話がもれにくい
- ソーシャルディスタンスも完璧

といったメリットがあります。特に遠距離婚活で来てもらうときには便利でしょう。カフェラウンジはお見合いによく使われており、週末は混雑しています。できれば男性に予約してもらうか、早めに来てもらって席取りをお願いしたほうがいいと思います。基本的に全席禁煙で、予算はお茶のみなら1000~2000円程度です。

エリア別にご紹介しますので、ぜひ参考にしてください。

◉東京駅
JR東京駅　丸の内南口　直結
東京ステーションホテル　1階「ロビーラウンジ」
03－5220－1260

◉渋谷駅
JR渋谷駅　ハチ公口　徒歩2分
渋谷マークシティイースト内　渋谷エクセルホテル東急　5階ラウンジ「エスタシオン　カフェ」
03－5457－0133

◉新宿駅
JR新宿駅　南口　徒歩3分
小田急ホテル　センチュリーサザンタワー　20階「ラウンジ　サウスコート」
03－5354－2177

◉**横浜駅**
JR横浜駅　西口　徒歩1分
横浜ベイシェラトンホテル&タワーズ　2階ラウンジ「シーウインド」
045-411-1188

◉**札幌駅**
JR・地下鉄札幌駅南口より徒歩2分。地下直結
センチュリーロイヤルホテル　2階「ティーラウンジ フォンテーヌ」
011-221-3009

◉**仙台駅**
JR仙台駅　西口　徒歩1分
ホテルメトロポリタン仙台　1階「シャルール」
022-268-2525

◉名古屋駅

JR名古屋駅　中央北口　徒歩1分

JRセントラルタワーズ内　名古屋マリオットアソシアホテル　15階「ロビーラウンジ　シーナリー」

052-584-1107

◉大阪駅

JR大阪駅　中央口か桜橋口　徒歩1分

ホテルグランヴィア大阪　1階「ティーラウンジ」

06-6347-1402

◉博多駅

JR博多駅　博多口　徒歩3分

ホテル日航福岡　1階「ティー&カクテルラウンジ」

092-482-1167

8 良い第一印象はあてにならない

初アポの第一印象がどれだけよくても、あまり盛り上がりすぎないようにしましょう。

ステキ！と感じたのは、お店の雰囲気や相手の外見に引っ張られていただけかもしれません。特に清潔感があり、女性から見て当たり前レベルに小奇麗な男性は、それだけでときめいてしまいがちです。

ドラマみたいなキラキラデートで盛り上がったときも少し落ち着いてください。たとえば歩道の内側を歩かせて、素敵なお店を予約して、楽しいトークで盛りあげて、お手洗いの隙に会計する男性は、あなただけでなく他の女性にも同じことをしています。あなたにとっては夢みたいなデートでも、男性からしたらただのルーティン、日常茶飯事です。だからスマートに行動できるというだけです。

しかもそれを好意でやってるとは限りません。社会人としてマナーレベルが高いハイスペ男性だと、ただの習慣であることも多いのです。何も考えず、朝起きたら顔を洗うくらいの感覚でできる人もいます。

気持ちが高ぶったときほど深呼吸して落ち着きましょう。お酒を飲んだときは特に注意してください。

一方で悪い予感はほぼ当たります。この予感は、その後に起こる問題の火種になることが多いので、違和感を感じたら見逃さず、しっかり直視しましょう。

わたしも第一印象が素敵な方に何人かお会いしたのですが、回数を重ねるにつれて、「あれ?」という点が見つかったことがありました。

しかし第一印象に引っ張られて見切りをつけるタイミングが遅くなり、それまでに費やした手間や時間がもったいなかったなと思ったことが何度かあります。

特に営業職や経営者の方は、自分の見せ方をよくわかっています。初対面で感じよく振る舞うのが得意なので、3割引きくらいで見るのがちょうどいいかもしれません。「ステキ!」と思ったときほど冷静に。

9 動画でセルフチェック

自分を客観的に見るには、一度しゃべっているところを動画に撮ってチェックしてみるといいでしょう。

意外とまばたきが多かったり、話すスピードが速かったり、頭がフラフラしていたりといった癖を発見することができます。これらは自分ではなかなか気づきにくいですし、他人も指摘しづらいものです。

なので動画に撮って、意識的にチェックしてみるのが一番です。

品のある話し方を学ぶには、テレビ朝日のYouTube公式チャンネル『アナぽけっと。』がおすすめです。テレ朝の現役アナウンサーが、相槌の打ち方、安心感のある話し方、息つぎの仕方などを教えてくれます。

会話中に「えーと」「あのー」という場つなぎ音が入ると、間のびし、頼りない印象を与えます。あまり多くならないよう日頃から意識して話すようにしてみましょう。

テレビのバラエティ番組を見ていると、はしゃいでるだけのように見えるタレントさんでも、場つなぎ音は本当に少ないです。売れてる人ほどテキストを読むようになめらかに会話しています。ぜひ観察してみてください。

10 会って初めてわかる新事実

プロフィールや写真だけではわからないことがあります。

- 体臭
- 歯並び
- 声のトーン
- しゃべり方
- 表情の作り方

これらはビデオ通話をするか、実際に会ってみないとわかりません。
たとえ外見が写真通りでも、これらの項目次第で印象は上にも下にも大きくブレます。ですから会う前から生理的にどうこう考えてもあまり意味はありません。

やりとりはほどほどにして、早めにアポをして確認したほうがいいでしょう。

もちろん同じことは自分自身に対してもいえます。自分ではプロフィールと実像に大差ないと思っていても、実際の所作で相手に与える印象は大きく変わります。

わたしにご相談いただいた女性で、初アポ後、なかなか2回目につながらないという女性がいました。男性に理由を聞いても「何か違う」としか言われないとのこと。よくよく聞いたら、彼女は特徴的なアニメ声をしていました。おそらく男性はそれで驚いてしまったんだと思います。

アニメ声が悪いということではなく、想像と違いすぎて衝撃が強いと恋愛モードになりにくいと思います。なので写真と文字では伝わらない自分の特徴を把握してる場合は、プロフィールに一言書いておいたほうがいいでしょう。

相手に心の準備をしてもらって、インパクトを最小限におさえれば「何か違う」と言われることも少なくなると思います。

11 手土産はいらない

初アポで手土産《てみやげ》はいりません。というのは、**手土産の有無でお相手の印象は変わらないからです。**

わたしは初アポで何度か手土産を頂いたことがあります。地元の名産品だったり、出張のお土産だったり、お気持ちは大変ありがたいのですが、それと婚活とは別で、「お菓子をもらったから印象アップ！　また会おう！」とはならないんですよね。

さらに言えば、初めて会った人からもらったものを食べるのは、少々怖いというのもあります。なので、特に食べ物系の手土産は不要です。帰りの荷物にもなりますしね。

アポでハンカチをもらったというある婚活男性は「ありがたく使わせてもらっているが、2回目はなかった。小手先で好感度を上げてるように感じてしまうからむしろ苦手かも」と言っていました。

例外的に、バレンタインの直前なら、チョコレートを用意するのはアリかもしれません。おそらく男性も期待してるでしょうから、300円くらいのものなら渡してもいいでしょう。ホワイトデーのデートにもつながりやすくなります。

また、遠距離で遠くから来てもらった場合も、菓子折りを用意するのは心遣いとしてアリだと思います。

それ以外の平時、近くの人であれば基本的にはいらないでしょう。

12 結婚願望は見せない

真剣に婚活していたとしても、最初のうちはあからさまな結婚願望を見せてはいけません。

女性の結婚したいオーラに喜ぶのは非モテ男性だけです。普通の男性なら「ちょっといいな」と思った程度の女性に結婚の話をされると引きます。ましてや「結婚したらここ住みたい」とか「子どもは2人欲しい」なんて言うのは厳禁です。これはたとえお見合いでも同じです。

女性から結婚願望を表明していいのは、告白されてからです。明確に相手が乗り気

になっているのを確認したら初めて「結婚」というワードを出してＯＫです。

告白までされなくても男性から「結婚願望ある？」と聞かれたら、ここも答えてＯＫです。とにかくこちらから先には絶対に聞かないこと。

特に年齢が上の女性ほど、結婚したいオーラは隠したほうが賢明です。あまりに結婚したいオーラが強く出てると、お腹すかせて口をパクパクさせてる魚に見えてしまいます。

プロフから結婚願望がにじみ出てる男性を見ると、つい食いつきたくなるかもしれません。しかしそういう男性は

●かなりの非モテ

●「結婚」というワードを垂らして遊ぼうとしている人

のどちらかのパターンであることが多いです。婚活してても、常識的な男性ほど、最初からあからさまな結婚願望は出してきません。

ですからあなたも、結婚願望を見せることはありません。

13 2回目につなげるには

2回目のアポにつなげるには3つのポイントがあります。

1つめは、会話が盛り上がったところで切り上げ、物足りなさを残すことです。

理想は1時間、長くても2時間程度がいいでしょう。楽しいからと3時間も4時間も引っ張ったら、疲労感しか残りません。

「えっ？ もう終わり？」と言わせるくらいがちょうどいいです。そうすれば別れたあとにすぐ「また会いたい！」と連絡が来ます。

2つめは、2回目に誘いやすいようなヒントを出しまくることです。

- 暇な日
- 行きたい場所
- やりたいこと

を初アポの会話のなかに織り込んでください。

あるいは相手の話に乗ってもＯＫです。彼が何か趣味の話をしたら「面白そう、わたしもやってみたい！」と言ってください。そうすれば「じゃあ、今度行く？」となるでしょう。アポ中に次の約束が取れるならベストです。

3つめは、別れ際にズバリ「また誘ってくださいね！」と言うことです。これが一番わかりやすいですね。

いずれにしろ、社交辞令と思われないように男性が誘いやすいサインをしっかり出すことが重要です。

決して女性から前のめりになって2回目の打診をしてはいけません。

特に豪勢な食事をご馳走になると「お返ししなきゃ！」と焦って次の誘いをかけてしまう女性がいます。これは必要ありません。彼はあなたと過ごす時間に価値があると思ってやったのです。笑顔でしっかりお礼を言えばチャラです。それで充分です。

2回目のお誘いがあっても、2週間以上先だとちょっと脈は弱いかもしれません。おそらく彼は他の女性とも会う予定があるのでしょう。あなたはキープです。だとしても、他の人と会ってダメだったらあなたに順番が回ってくるわけですから、ライバルがショボいことを願ってのんびり待っていればいいと思います。

いただくご相談で、「2回目に遠出デートしてあまりに想像と違う展開すぎて萎えて破談」という話がよくあります。遠出はお付き合いの約束をしてからのほうがいいのではないでしょうか。そうすれば女性はわがままを言っても振られません。「恋人なんだからしゃーないな」で終わります。しかし付き合う前だと「なんだこいつ」となってしまいます。

2回目は食事のみか、近場で散歩程度のアポでいいでしょう。

14 ルーティン化する

アポはルーティン化すると楽にこなせるようになります。

着ていく服も会う場所も固定し、調整するのは日時だけ。段取りはこちらが提案し、乗って来なければサヨウナラ。いちいち考えなくてもアポが回るようにすれば疲れません。こうなればもはや定例会議と同じです。

ちなみにわたしが初アポによく使っていたカフェはこんな感じでした。

●ミッドセンチュリー内装
●深夜営業ＯＫ
●お酒も食事も可
●隣席とほどよい距離感
●斜め向かいに座れる
●ソファ席あり
●ネットで座席予約が可

まるで婚活してる人向けに営業されているかのような便利なカフェだったので、よくここを利用していました。

トイレの場所も、店内の段差も把握

してるくらい場慣れしてると相手をかなり冷静に見れます。これは大きなメリットです。お店のおしゃれな雰囲気に引っ張られて、変に加点してしまうことがありません。さらに毎回同じ席に座れば、前回の人と比べてどうか、という比較もしやすくなります。

緊張しやすい方や、いちいちアポの段取りを考えるのが面倒な方はルーティン化してしまうといいでしょう。

15 趣味の話で盛り上がりすぎない

男性は初対面の女性を無意識に

- 友達枠
- 彼女枠

に振りわけています。

特にニッチな趣味が合うとついつい趣味トークで盛り上がりがちですが、あまりその話ばかりしているとお友達コースに乗ってしまいます。いったん「友達枠」に入ってしまうと「彼女枠」への移動はほぼ不可能なので気をつけましょう。

趣味トークを深掘りするのは恋人になってからです。それまではグッとこらえてください。

また、サービス精神が旺盛な女性、頭の回転が速い女性も注意が必要です。場を盛り上げようと無理にトークをする必要はありません。あなたはバラエティ番組の司会者ではないのです。会話がはずまなくても、にっこり笑ってれば充分です。

どうしてもしゃべりすぎてしまう人は、アポ前に運動したり、ガムをよくかんでアゴを疲れさせておくといいでしょう。

16 アポで使える質問

わたしがアポでは必ずしていた質問をご紹介します。相手の結婚願望を探ったり、本当に独身かどうかを仮判定するのに便利なので、ぜひみなさんも使ってください。

1.「ご両親は結婚しろってうるさい？」

結婚に対してどれだけお尻に火がついてるか、どれだけ焦ってるかを想像します。また親がいるかどうかもわかります。交際編「15 家族構成の聞き方」でも述べますが、家族についてを知りたいときにも便利な質問です。

2.「一生独身って寂しくない？」

1の質問と同じ理由です。結婚にハングリーさがあるかどうかを想像します。1と2の質問で家族の話に持っていき、兄弟構成まで聞けるとなおよしです。兄弟も独身で甥姪がゼロだったりすると、親の孫期待に応えようと切迫感を持って婚活してることもあります。

3.「結婚は長く付き合ってから判断したい？」

結婚願望の仮判定に使えます。結婚願望がある人だったら「半年で」とか「早めに」と言います。ない人だったら「そうだね、長く付き合ってから」などとあいまいに答えるでしょう。

4.「わたしをどうやって見つけた？」

あなたを足あと履歴ではなく検索で見つけた場合は、その検索条件を聞き出してください。本音の好み、許容範囲がわかります。

1〜3の質問は、独身だったらスムーズに答えられますが、既婚者だったら答えにくいので一瞬キョドると思います。質問したときは相手の目をガン見して、正直に答えていそうかどうか観察してください。

次に仕事や趣味について掘り下げるときに押さえておきたい質問の仕方について解説します。

相手に対する質問の仕方は大きく2つあります。

1つはクローズド・クエスチョン。「はい、いいえ」「AかBか」のように回答範囲が限られる質問です。相手の考えや事実を明確にしたいときに有効です。

- 「仕事は好き？」
- 「○日、あいてる？」
- 「これ、いいと思う？」

もう1つはオープン・クエスチョン。回答に制約がなく自由に答えられる質問です。相手からより多くの情報を引き出したいときに有効です。

●「何の仕事してるの？」
●「いつ暇？」
●「これ、どう思う？」

関係が浅いうちは答えるのが簡単なクローズド・クエスチョンで反応をうかがい、気心が知れてきたらオープン・クエスチョンで掘り下げていくと会話がスムーズに進むでしょう。

17 沈黙したら呼吸を合わせる

アポで無言になることを恐れてしまう人がいます。沈黙が怖いという方はたぶん「会話があること＝正しい」という固定観念にとらわれているんじゃないでしょうか。そんなことはありません。沈黙はもちろん許されます。というか沈黙もコミュニケーションの一環です。会話がないときの表情やしぐさを見るのも立派な初アポです。

アポでは会話を盛り上げるだけではなく、呼吸を合わせることにも集中しましょう。相手が黙ったら、自分も黙る。相手が話したら、自分も話す。これでいいのです。まさに全集中の呼吸です。簡単なことです。しゃべる量と声のトーンを相手に合わせれば、緊張がほぐれてきます。そうやってお互いにリラックスできれば、自然に会話が増えていくでしょう。無理に話を続けて不自然な空気が漂うほうがマズイです。会話は続かなくても大丈夫です。安心してください。

18 離婚理由は自分から言う

婚活では基本的にネガティブな情報は聞かれない限り開示しないことが原則ですが、離婚歴がある方は離婚理由を自分から言ってしまいましょう。

というのは、先に話してしまえば自分が主導権を握り、話したいように話せるからです。

メディアトレーニングのプロが言っていたのですが、人はすでに説明されたことに対しては質問がしにくくなるんだそうです。先に話されてしまうと、質問するにしてもあなたの発言をベースに進めざるをえない。つまり余計な深掘りを避けることができます。

マッチングした時点であなたに離婚歴があるのは知られてるわけですから、相手はその理由が気になっています。関係を進めたいならいずれ話さなければならないことなので

「わたしの離婚理由について、気にされてると思うので先にお話ししますね」

と切り出してしまいましょう。自分から言えば正直で誠実に向き合っているという印象も与えることができます。

19 離婚理由の聞き方

離婚歴がある方とのアポでは、離婚理由は初めて会ったときに聞きましょう。まださほど親しくなってない段階ならビジネスライクに聞きやすいと思います。

「離婚理由をお伺いしてもいいですか？」

ここで機嫌を損ねたり、はっきり答えなかったり、元妻のせいにしてばかりの人は、イエローカードです。

メールのやりとりで聞くのはおすすめしません。細かいニュアンスがわからないですし、ウソもつきやすいからです。必ず本人の前で聞いてください。

わたしの経験ですと、初対面でもみなさんちゃんと答えてくれます。真剣に婚活してる人ならなおさら「聞かれて当然」という感じです。ですから遠慮はいりません。聞くときのポイントは共感姿勢をとることです。途中「はあ？　何それ？」と思うことがあっても「うんうん、それはお辛かったですね」と言うこと。男性は自分の離婚経験を聞いてもらう機会があまりないのか、意外とペラペラ話したがる人もいます。わたしは初アポで2時間ずっと、離婚理由を聞いてるだけだったこともあります。

聞くときはファクト（事実）を集めましょう。

- 何年前（何歳のとき）離婚したのか
- 婚姻期間（別居期間）

●元妻のスペック
●二人のなれそめ
●周囲の反応（特に親）

離婚プロセスを自分の脳内で再生できるくらい聞けるとベターです。「オレはこう思った」「彼女はこうだったんだと思う」という推測はあまりあてにはなりません。事実を聞いてください。

もし30分くらいかけて聞くことができれば、本当のことを言っているかどうかはだいたいわかると思います。ウソならどこかでつじつまが合わない箇所が出てくるはずです。

ちなみに離婚後すぐに婚活してる人は、再婚願望が強い傾向にあります。なので**いつ離婚したのかは必ず確認しましょう。**離婚から時間が経っている人は一人の生活に慣れてるので、ちょっと腰が重いですね。

20 捨てたのか捨てられたのか

離婚理由を聞いたら、「捨てたのか? 捨てられたのか?」を考えてください。捨てた側なら見込みがあります。捨てたというと少々言葉が悪いですが要は「若気の至りで結婚してしまったが、このままでは幸せになれないと思ったので別れた」というような発展的な理由であることです。「自分が本当に求めるものはこれじゃない」と気づいた人ともいえます。原因は選択ミスです。

捨てられたのであれば注意が必要です。いずれあなたも前妻と同じ不満を持ち、捨てるハメになります。具体的には思いやりがない、自己中心的、モラハラなどです。原因は本人の努力不足です。

A子にとってイイ男が、B子、C子にとってもイイ男とは限りませんが、A子にとってクズな男は、もれなくB子、C子にとってもクズなのです。**クズは共通、女性によって評価は変わりません。**ですから捨てられた男を拾うのはやめたほうがいいと思います。

離婚は0：10で片方だけが悪いなんてことはまずないので、そんなパッキリ二択では考えられないかもしれません。しかし話を聞いていればだいたいどちらに非がありそうか、なんとなくわかると思います。そこはあなたの女性としての勘を信じて判断してください。

なお離婚理由を聞いてもよくわからない場合は本人もよくわかっていません。ということは反省と今後の対策もないので同じ過ちを繰り返します。この「なぜ離婚する羽目になったかよくわかってない男性」というのが意外とよくいます。

また、お相手が子持ちの方で、

●養育費をきちんと払っている（あるいはもらっている）
●面会も定期的に行っている

という場合、元妻とヨリを戻す可能性があります。もし離婚しても元家族との関係が円満そうだったら、なぜ戻らないのかまで確認しておいたほうがいいでしょう。

21 名刺交換は別れ際にする

もし名刺を渡すなら、帰り際に渡すといいでしょう。次も会いたいという意思表示にもなります。会ってすぐに渡してしまうと事務的っぽいですし、「ナイな」と思ったあとでも回収できません。ムダに個人情報を出すことになるので、名刺を出すのは帰り際がいいでしょう。

名刺をもらったら日付や相手の特徴を書いておきましょう。あとで振り返るときに役に立ちます。もちろん相手の目の前では書いてはいけません。書くのはアポが終わってからです。

なお、名刺は偽造が簡単なので、身元保証にはなりません。もし在籍確認をするのなら電話してみるのも手ですが、最近は「非通知の電話には出ない」「個人の在籍を教えない」という会社も増えているので、電話ではちょっとわからないかもしれません。

相手の名前がフルネームでわかったら、「ローマ字で」グーグル検索してみましょう。LinkedIn という（ビジネス特化型ＳＮＳ）のプロフがヒットすることがあります。

22 異業種交流会に切り替える

会ってみて「次はなさそうだな〜」と思ったら、婚活から「異業種交流会」に切り替えましょう。お相手の仕事の話を根ほり葉ほり聞いてください。そこで得た知見が別のアポで生きることがあります。

聞くとしたらこんな感じです。

- 「なぜその仕事に就いたの?」
- 「いまは何が売れているの?」
- 「尊敬できる人はいる?」
- 「職場恋愛は活発?」
- 「給与レンジ、男女比、中途比率、退職率はどんな感じ?」

あるいは、時事ネタなんかを絡めても話しやすいでしょう。転んでもタダでは起きない。必ず何かをつかんで帰るつもりで臨んでください。

大手電機メーカーの業界再編で、新しくできた国策会社が大きな話題になったことがあります。お会いした男性がまさにその現場にいたそうで「実は合弁の際、出向するかいまの会社に残るか選択を迫られてすごく悩んだ。結果、残って良かった」という話を聞いたことがありました。わたしも新聞でその会社のことはよく見ていたので、リアルな話を聞けて面白かったです。テレビの『ガイアの夜明け』を見ているみたいな気分になりました。

23 早朝・ランチ・遅夜アポもあり

アポは必ずしも休みの日や勤務後に行わなければならないということはありません。お互いの都合が合えば、早朝、ランチ、遅い時間帯のアポももちろんOKです。

朝のカフェでモーニングを食べながらアポとかちょっと面白いと思います。出勤前ならメイクも万全ですし、頭もクリアな状態で会えます。

職場が近かったり、営業職で外回りの時間や場所が調整しやすい人なら、ランチアポもいいでしょう。

お互いのオンモードの雰囲気がわかりますし、ビジネスの延長だと思えば自然に話せる人もいるかもしれません。

早朝アポもランチアポも、すぐ解散できるのがメリットです。

しっかり自衛できる人なら、遅めの時間帯で「夜10時集合！」とかでもいいと思います。

その場合は必ず終電前には解散すること、男性が指定したエリアには行かないようにしましょう。

わたしは近所のファミレスに来てくれるということで夜アポをしたことがあります。お客さんが少ないので話を聞かれることもなく、お茶を飲みながらまったりお話ししました。

24 必ずメモを取る

アポやデートが終わったら、やったこと、話したことをしっかりメモに残しましょう。

理由は2つあります。

1．冷静に振り返る

お互いに慣れていない段階だと、緊張も相まって相手の印象がどうしても外見の善し悪しや場の雰囲気に流されてしまいます。

初アポ編「8 良い第一印象はあてにならない」の項でも書きましたが、「ステキ！」と思ったときほど冷静になる必要があります。

メモを取って振り返ってみれば、やりとりやプロフィールに相違はなかったか？ 話に矛盾はなかったか？ を冷静に検証することができます。

そしてこの振り返りは「次に会ったときには何を聞くべきか？」といったことを考えるうえでも役立ちます。

2. 内容を覚えておく

複数の人と同時並行している場合、誰と何をしゃべったのかを覚えておくのは至難の業《わざ》です。2回目、3回目とお会いしたときに、ウッカリ同じ質問をすると、「話を聞いてなかったのか？」という印象を与えかねません。

マッチングアプリでは同時並行が暗黙の了解とはいえ、これは非常によろしくありません。

わたしは初対面で話した内容を、「そういえば○○と言っていたよね」と持ち出して、「よく覚えているね！」と感心されたことが何度かあります。

あまり出しすぎると気持ち悪がられますが、少し出すくらいなら間違いなく好印象になりますし、「あなたに興味がありますよ」というアピールにもなります。

ということで面倒でもきちんとメモを残してください。

アポを終えて、「楽しかった」「つまんなかった」と一語で終わる感想を繰り返しているだけでは進歩がありません。メモを取って必ず振り返りをしましょう。

25 2軒目は行かなくていい

2軒目は誘われても行かないほうがいいと思います。脈ありの男性ならなおさら行かないほうがいいでしょう。

「えっ！ もう終わり？ もっと話したいのに」と思わせて切り上げればすぐ次の約束をとりつけてくるはずです。

2軒目に誘われたら「明日、早いので」と言って断ってしまいましょう。

デートは長時間1回より、短時間でも複数回にわけてちょこちょこ会ったほうがいいからです。**単純接触効果を狙うためにも2軒目ではなく、2回目につなげるようにしてください。**

ただし遠距離婚活の場合は行ってください。

遠距離婚活では何度も気軽に会えないので、初アポでデート3回分くらいの濃さが必要になります。気が合うようなら、場所を変えてじっくりお話ししてきてください。

1軒目とは違う発見があるかもしれません。

26 下ネタを言われたら本命ではない

初対面で下ネタを言われたり、ボディタッチをされたら脈なしです。

●手をつなぐ
●頭ポンポンする
●腰に手を回す
●二の腕を触ってくる
●「SとMどっち？」と聞いてくる

こういうのはすべて「あなたがユルい女性かどうか」を試しているだけです。「手相を見てあげるよ」などと言って手のひらを触ってくるのも古典的なナンパ手法です。「場の雰囲気を壊したくない」などという理由で、ノリよく反応してはいけません。グーパンしてすぐ解散しましょう。

本気の女性に、付き合う前から性的な誤解を与えるような男性はいません。セックス目的だと思われて破談になったら困るからです。

一方で、付き合う前に家に誘ってくる男性がいます。これはヤリモクの可能性もありますが、告白のタイミングをつかむのが下手だったり、若い男性だとつい前のめりになって言ってしまうこともあるので、こう言われたら「わたしは付き合ってる彼氏の家にしか行かないの♡」と笑顔でカワイ～く返してみましょう。

もし彼が本気なら「付き合おう」と言ってきますし、ただヤリたいだけなら「じゃいいや」と去っていきます。

間違っても「ハァ？ 行くわけないだろクソが（怒）」なんて反応してはいけません。これではいかにも誘われ慣れてない非モテ女子感丸出しです。

家に誘われたら、ビビるのではなく2人の関係に白黒つけるチャンスだと思ってください。なんでもかんでも「ヤリモク！」と言って警戒するのではなく、つかむチャンスはつかむ柔軟性も身につけましょう。

27 交際まではテンポよく進める

初アポで手ごたえを感じたら交際まではテンポよく進めましょう。2回目、3回目は間をあけずに。凝ったデートプランはいりません。**2週間後のディズニーランドより2日後のお茶です。鉄は熱いうちに打て、です。**

わたしは日時調整で、チャッチャと明日に会いたかったとき「明日はいかがですか。難しければ、来週は忙しいので再来週のどこかでお願いします」と言ったことがあります。これは暗に「明日を逃したらチャンスはないですよ」という意味です。おかげで明日にテンポよく決まりました。

遠距離婚活の方は特に巻きで進めてください。対面の前にビデオ通話で条件をすりあわせておき、初アポでお付き合いするかどうかを決めましょう。2回目には旅行に行き、3回目で両家顔合わせ、くらいのスピード感で行きましょう。

ネイルやエステの予約をデートより優先させる女性がいます。綺麗な自分になって会いたいのはわかりますが、そんなことをしてると相手のテンションが落ちます。さっさと会ってきてください。

コロナ禍で整形をされた方もいると思います。ダウンタイム（施術を受けてから、肌の状態が元の状態へと戻るまでの期間）で会えないなら、そもそもアプリはやらないほうがいいです。やりとりだけでつなごうとしたり、初アポのあとで間をあけると、ダレるだけでチャンスになりません。

28 まずは30人会ってみる

会えども会えどもピンとくる人がいない。結婚はおろか彼氏すらできない。「これはわたしに問題があるのだろうか」と悩んだら、とりあえず30人を目標に会ってみてください。

30人くらい会って一人も付き合いたいと思う人がいなかったなら、理想が高いというよりただの「男嫌い」ですね。婚活はやめて一生独身でいたほうが幸せだと思います。付き合いたい人はいたけど箸にも棒にもひっかからないのは「理想が高い」。交際まであと一歩は「少し高い」。彼氏ができたら「妥当な理想」、となります。

マッチングアプリは効率市場なので、だいたい自分とつり合いの取れた人としか会えないようになっています。どれだけ目の前の男性に納得がいかなかったとしても、それが自分の市場価値です。アプリに棚ボタはありません。

どうしても「納得いかない。わたしはこんなレベルのはずがない」と思うのであればマッチングアプリではなく恋愛結婚に切り替えたほうがいいです。恋愛感情で盛り上がってるうちに話をまとめれば、釣り合いを超えたご縁もあるでしょう。

イマイチ自分の好みがはっきりしていない、どうやって希望条件を設定したらいいのかもわからない方もとりあえず30人を目標に会ってみるといいでしょう。**最初はあいまいだった自分の許容範囲も、場数を踏むことではっきりしてきます。**

わたしも婚活を始めたばかりの頃はあまり希望条件がはっきりしてなかったのですが、やってるうちにだんだんシャープになっていきました。自分の好みがはっきりすれば、続ける続けないの判断は一瞬でできるので、悩むこともありません。こうなると婚活は流れ作業になります。

どうでもいいことですが、流れ作業になってから、「婚活のアリナシ判断と株の売買って似てるな〜」と思うようになりました。行き当たりばったりに考えて判断するのではなく、ルールにのっとって回していくだけ。告白されても振られても、儲かっても損しても平常心。そうするといちいち消耗することはなくなります。

29 脈のアリナシ

脈のアリナシというのは、逆・悪魔の証明みたいなもので、ないことの証明は簡単ですが、あることの証明は難しいです。連絡が来ないのは明白な脈なしですが、ＬＩＮＥがマメ、奢《おご》ってくれる、駅まで送ってくれる、といった証拠はいくら積み重ねても脈ありとは断定できません。アリっぽい程度。

特に本物のハイスペ男性になると、女性に恥をかかせない気遣いも一流なので、その気がなくても笑顔で会話するし、適度に質問もするし、ご馳走も見送りもします。なんなら「ぜひまた会ってください！」といった社交辞令も言います。なのでデート中は脈があるんだかないんだかわかりにくいです。

じゃあどこで判断するかというと、次の約束を取り付けてくるかどうかです。脈があればすぐに次の予定を聞いてきます。しかし聞いてこなかったら、どれだけロマンチックな時間を過ごしたとしても脈なしです。

ですから**脈については、デート中の会話やしぐさではなく、次の約束が成立するかどうかで判断してください。**

脈ありはわかりにくいが、脈なしは明確と言いました。ということで、ここでいろいろな脈なしのケースを書いてみたいと思います。

●婚活の進捗状況について話をされた

何人と会ったか、どんな人がいたか、何カ月活動しているか。こういう話題は脈なしです。サラッとならかまいません。しかし延々と何十分もこの話をされたら彼はあなたではなく、婚活に興味があるということです。

●「オレ忙しいんだよね」「LINEマメじゃないんだよね」

どれだけ忙しく、筆不精な男性でも気になる女性が目の前に現れれば「いつでもあいてます！」「LINEやります！」というのが男性です。なので「できない」と言われたら好かれていないですね。

●「予定を確認してまた連絡します」
これはお断りの婉曲《えんきょく》表現です。高確率で連絡は来ません。

●会ったあと、メッセージのやりとりは続くが約束に至らない
これも脈なしです。あなたは「暇つぶし相手」になってしまったということです。

●優しくない
超大真理として、男性はセックスするまでは誰にでも優しい生き物なので、セックスする前から優しくない人は完全に脈がないです。

●マメな長文メッセージが2週間以上
これは非常に勘違いしやすいのですが、ずばり〝メル友男〟でしょう。暇つぶしの可

能性が高いです。

逆に、初アポでＬＩＮＥやメールアドレスを聞かれなかったから脈なしと考えるのは早とちりです。アプリ経由でも連絡が来れば全然問題ありません。

30 フェードアウトされたら

イイ感じで続いていたと思ったのにパタッとメッセージが来なくなる。マッチングアプリではあるあるです。だいたい理由は面倒くさくなったか、他に気が移ったかのどちらかです。

メッセージが来ないというのは、脈なしどころかキープですらないということです。別に好きじゃなくても「ワンチャン残しておきたい」と思われていればメッセは来ます。来ないということはその望みすらないということです。であればこちらもサラッと忘れてしまいましょう。

マッチングアプリで会った人にフェードアウトされても悲しむ必要はありません。

だって2週間前までは見ず知らずの赤の他人だったわけですし、3回会った人でも一緒に過ごした時間はせいぜい10時間程度、よく考えればさほど愛着もわいてないはずです。もともと知らなかった人とちょっとすれ違って、また知らない人に戻っただけのこと。あなたが失ったものは何もありません。

基本的にフェードアウトされたら追いかけないほうがいいですが、どうしても気になって追撃したくなったら、時間を置いてからシレっと軽く挨拶しましょう。

やりとりでフェードアウトされたら1~2週間後、会ってフェードアウトされたら1~2カ月後くらいが目安です。その頃には相手の心境・状況が変わってる可能性があります。写真をとびきり綺麗なものに差し替えてからメッセージしてください。

コラム④

婚活Q&A-1

わたしはこれまでブログで1000件以上に及ぶ婚活相談を受けてきました。ここではそのなかからいくつかピックアップしたお悩みとわたしの回答をダイジェスト版でお届けします。

詳しい内容はすべてブログに掲載してありますので、ご興味のある方はそちらをご覧ください。

Q. 彼氏の服装がダサすぎて耐えられません。毎回ブランドロゴが大きく入ったシャツを着てきます。やめてほしいと言ってもいいでしょうか。（30代女性）

A. よほど惚れられてない限り、やめろというのは難しいですね。お付き合いしながら少しづつ彼の趣味を変えていくしかないと思います。「このパンツなら背が高く見えるよ」「このシャツきっとカッコイイよ」というように、おしゃれな服を着たときのメリットを伝えて、彼が能動的に選択するように仕向けていきましょう。

Q. 震災や失業にあっても「家族を守ろう」という気概のある男性と結婚したいです。見極め方はありますか。（30代女性）

A. 仮にも結婚するんですから、守る気がゼロな男性はいないと思いますよ。実はわたしも結婚前に同じことを考えていたのですが、夫とは出会って8カ月で入籍したのでわたし自身にもそんな覚悟があったかというと微妙です。いまは結婚して家族としての一体感がでてきましたし、愛情と感謝も強くなったので「何かあったときはわたしが！」と思えていますが、結果論ですね。

Q. 人を好きになったことがなく人に興味が持てません。会った男性にもそれを指摘されてショックを受けました。どうしたらいいんでしょうか。（20代女性）

A. では逆に、あなたは「あなたに興味がない」という男性と結婚を考えられるでしょうか。「えっ、それはちょっと。もっとわたしのことちゃんと知ってよ」と思うのであれば、どんな態度をとるべきか、見えてくると思います。

Q. 不貞行為の末、逮捕された夫と離婚調停中で別居中です。アプリで会った方と2回デートし離婚調停中と伝えたらブロックされました。寂しいです。やはりダメでしょうか（30代女性）

A. ダメですね。既婚者の利用は規約で禁止されています。そもそも離婚調停中にアプリで男性と会っていたことがバレたら、あなたもいろいろ不利になるのではないでしょうか。大変な状況のなかで心情的に寂しいお気持ちはわかりますが、あまりにしんどいならカウンセラーや占い師などプロに話を聞いてもらってはいかがでしょう。アプリの男性で寂しさをまぎらわすのはやめましょう。

Q. ずっと歯並びに悩んできました。矯正しようかと思っていますが、ワイヤー矯正をしながら男性に会うのは印象がよくないでしょうか。(20代女性)

A. そんなことはないと思います。わたしだったら矯正します。なぜなら矯正のアリナシでお付き合いが左右されることはないと思うからです。歯並びが気になって悩み続けるより、1秒でも早く自信が持てる人生を生きたほうがいいでしょう。ただし写真は笑顔でも矯正が見えないように撮影し、アポの最初数回は電話(音声のみ)がいいかもしれません。やりとりと電話でお互い充分慣れてから会えば、矯正が与えるインパクトは最小限にできると思います。

Q. 男性が苦手でちょっと気持ち悪いと思うとバッサリ連絡をやめてしまいます。2回目につながることがなかなかありません。(30代女性)

A. それはお相手を、「夫としてどうか？」値踏みしすぎなんだと思います。結婚相手となるとどうしてもハードルが上がり相手を厳しく見てしまうので、ほとんどの人はナシ判定になってしまいます。そうではなく「もう一回くらい会っても害はなさそうか？」くらいの視点で見てはいかがですか。「好きになれそう」ではなく「害はなさそう」であればもうちょっと様子を見てみる。そうすると、初対面では気づかなかったお相手の良さに気づくかもしれません。キモいと思ったのは考えすぎだったと思いなおせるかもしれませんよ。

Q. 真剣にお付き合いしようとしていた彼が、性犯罪者だということが判明しました。偶然、彼と義弟が同級生で仲良かったそうで教えてくれました。ネットニュースに載っているそうです。戸惑っています。（30代女性）

A. 衝撃的な展開にさぞかし動揺されてることと思います。心中お察しいたします。まずネットニュースでヒットした性犯罪者は本当に彼なんでしょうか。もし違っていたらかなり失礼になってしまうので、確認するときは「間違いない」という確証を得てからのほうがいいと思います。本当に彼なら、結婚はおろかお付き合いも考えられないので、残念ですがお別れしたほうがいいでしょう。

Step 4

交際編

いよいよ交際開始です。ただデートを楽しむだけではなく、
じっくり見極める期間です。「交際編」では結婚前提で
お付き合いを始めるときの注意点、
円滑な交際の進め方と断り方、また婚活以外の人間関係や
メンタルコントロールについてもお話しします。

1 告白してもらうには

告白してもらうには、しっかり脈ありアピールをしてください。「あなたが告白してきたら、わたし絶対断りません！　必ずＯＫ返事をします！」というオーラを出すことが必要です。

なぜなら、まともな男性ほど「この子はイケる！」という手ごたえがなければ、告白なんてして来ないからです。

何度も会っていい雰囲気なのになかなか告白されない女性は、この脈ありアピールが弱いことが多いのです。

恋愛ドラマを見てると誰が誰を好きかすぐわかりますよね。なぜなら目線やしゃべり方がわざとらしいから。あれくらい思わせぶりな態度をとってください。

一番簡単なのは褒めることです。

●「〇〇さんすごい♡カッコいい♡素敵♡」

言うだけならタダなんですからどんどんやりましょう。
また「あなたと一緒だと楽しい」ということもしっかり伝えてください。

●「〇〇さんと一緒だと時間過ぎるの、あっという間♡」
●「〇〇さんとご飯たべると美味しい♡」

デート中の男性は「女性を楽しませているか？」ものすごおぉぉく気にしています。反応が鈍ぃとすぐ脈なしと判断してあきらめてしまいます。ですからあなたも楽しんでいるなら少々大げさに「楽しい！」と表現してください。じゃないと伝わりません。

さらに見たままを褒めるのも有効です。たとえば右のイラストのような男性と会っ

たとします。
そしたら見たまま褒めればいいのです。

●「わたし黒い髪の人が好きなんです♡」
●「わたしメガネの男性がタイプなんです♡」
●「わたしスーツの人に弱いんです♡」

これは非常にわかりやすいですし、刺さります。
そしてとどめに

●「わたし押しに弱いんです♡」
●「○○さんの彼女になれる女性は幸せですね♡」

と言えば完璧です。
ここまでやればどんな鈍い男性でもさすがにあなたの気持ちに気づくでしょう。きっと告白してくれます。

たまに、好きな男性ほど塩対応してそれでも食い下がってくるかを試している女性がいますが、それではいいご縁をつかめません。そっけない対応で告白してくる男性は、情熱的なのではなく単に空気を読めてないヤバい人です。セックスしたくてサカってるだけか、自分の都合しか考えないモラハラか、とにかく自分本位ということなので気をつけてください。

2 地蔵にならなければなめられない

脈ありアピールをすると、「男性が調子に乗るのでは？ なめられるのでは？」と心配する方がいます。

なめられずに思わせぶりな態度をとることは可能です。**ズバリ〝言うだけで動かない〟こうすれば問題ありません。**

言うとはこういうことです。

●「〇〇さんすごい♡カッコいい♡素敵♡」
●「〇〇さんとだと時間が過ぎるの、あっという間♡」
●「〇〇さんの彼女になれたら幸せだね♡」
●「デートが待ち遠しい♡早く会いたい♡」
●「〇〇さんみたいな人タイプ♡」

こういうのはどんどん言ってOKです。しかし動いてはダメです。具体的にはこうです。

●デートに誘う
●デートの場所や日時を彼の都合に合わせる
●デート代を出す
●掃除や料理をやってあげる
●頻繁にLINEする
●豪華なプレゼントをする

これらはやってはいけません。

たまに誘うとか、ちょっとだけ彼の都合に合わせるとか、小さいお礼をするとかならかまいません。しかし、完全に彼の言いなりになって、モリモリ与えてはダメ。

あくまでも彼のほうから「素敵なあなたと過ごしたい！　そのためにはオレから誘ってオレが合わせないとな！」という流れにすべきです。

イメージとしてはお地蔵さんを意識するといいと思います。いいですか、あなたはいまからお地蔵さんです（洗脳）。お地蔵さんだから微笑むことはできても動くことはできない。あなたに会いたいなら、彼がお供えを持って会いに来るしかないのです。おわかりですね。あなたはお地蔵さんです。「言うだけで動かない」ということを実践してください。そうやってお付き合いが始まれば、そのあともきっと大事にしてもらえます。

3　お付き合い前に確認する4つのこと

めでたく告白されたら、次の4点を必ず確認してください。

1．結婚前提である

結婚前提とは「1年以内に結婚したいと思っています」という意思の確認です。たまに「結婚前提＝婚約」と勘違いしてビビる人がいるので、そうではないことも説明しましょう。

2．交際期限を区切る

理想は3カ月、長くても半年ですね。期限を区切って、お互い結婚するかしないかを決めると約束してください。半年以上は付き合ってもムダです。半年で決めない人は1年付き合っても2年付き合っても決めません。

3．身元を確認する

保険証や免許証など、身元が確認できるものをきちんと見せてもらってください。もちろん勤務先も確認します。名刺があるならもらいましょう。自宅の住所、スマホの電話番号もしっかり控えてください。「彼の連絡先はＬＩＮＥしか知らない」なんてことがないようにしてください。

4．マッチングアプリを退会する

一緒に目の前で退会するのが理想ですが、アプリによってはすぐ退会できない仕様のものもあるので、その場合は事後報告でよしとしてください。お互いにきちんと退会したという確認が取れれば問題ありません。退会前は念のため相手と自分のプロフのスクリーンショットを撮っておきましょう。

これらのうちで1つでもゴネたらお付き合いは見直したほうがいいでしょう。本気で婚活している男性ならすべて喜んでOKするはずです。

これ以外に、**宗教、健康状態、借金など、あなたが特に重視してる条件があるなら、それも告白されたタイミングで確認してください。**

ときどき、まだ付き合う約束をしてないのに「先に僕は退会しますね」と言って退会してしまう人がいます。数回会った程度で相手に断りなく退会とか前のめりすぎです。もしかしたら既婚者や彼女持ち男性かもしれません。いつまでもアプリにいて知り合いに見つかってはまずいのでサッサと退会した、という可能性も考えられます。

また退会した証拠として、退会済画面のスクリーンショットを送ってくる人もいます。これも一見、誠実な行動のように見えますが、ちょっとわかりません。スクリーンショットを送ってくるなんて「ずいぶん手慣れてやがんな」という印象です。もしかしたら常習犯で画像を使いまわしてるのかもしれません。

彼のアイコンが退会済になっていても、ブロックされただけの可能性もあります。退会してもブロックしても、こちらには「退会済」としか表示されないので一見しただけではわかりません。本当に退会したのかどうかを確認するなら、別ＩＤでログインして検索してください。

付き合うまでは追いかけさせることが得意な女性でも、付き合い始めると矢印が逆転して追いかけてしまう人がいます。これだとやはりだんだん大事にされなくなっていきます。お付き合いが始まっても、男性に追いかけさせること。もっといえば逃げること。男性の手中に収まってはいけないということは、引き続き心得ておいてください。

4 デート代の考え方

ネットでは「割り勘論争」という言葉があるくらい、お付き合いにおけるデート代の関心は男女ともに高く、昔から激論が繰り広げられています。デート代についてのご相談も非常に多いので、ここでデート代が意味するところを解説したいと思います。
デート代はそれぞれのステップで意味するところが微妙に異なります。

【初アポのデート代】

これは**どれだけ女性と本気で会いたがっているか？**を表しています。マッチングアプリではプロフで確認できるのでとても便利ですね。本気で会う気がある人は必ず「男性がすべて払う」を選んでいますが、このなかには、本気で遊びたいだけの人も混ざっているので注意したいところです。

【2回目アポから告白されるまでのデート代】

これは**どれだけ強くあなたと付き合いたいと思っているか？**を表しています。本気で付き合いたいと思ってる男性は初回同様ご馳走してくれるはずです。

初回はご馳走してくれたが2回目以降から割り勘にする男性がいます。これは「会うのは本気だったが付き合うのは本気ではない。ご馳走してまで口説きたいとは思ってない」ということです。つまりほぼ脈なしですね。

【お付き合い中のデート代】

これは**どれだけこの関係を維持したいと思っているか？**を表しています。

またここから先は主導権もからんできます。基本的に金銭的負担と主導権は比例関係にあるので、お付き合いに自分の意思を反映させたいなら、そうしたいほうがより多くを負担することになります。年齢や年収は関係ありません。どっちがどうしたいのか？です。

どれくらいの分担がベストかについてはカップルによりますが、ひとついえるのは

●一度決めた分担比を変えるのは難しい

●交際中のデート代の分担比はそのまま結婚後の生活費の分担比を暗示しているということです。

お付き合い中のデート代が10：0だったら結婚後の生活費も10：0、デート代が7：3だったら生活費も7：3になる可能性が高いですね。

なので、結婚後はどうしたいのかという目的から逆算して、お互いが出す分を決めるといいでしょう。

最近は割り勘交際をよしとするカップルも増えていますが、「好きだから！」と盛り上がった気分で安易にデート代を5：5とかにするのは、あまりおすすめできません。あとから「男性にもっと出してほしい」と言っても聞き入れてもらえないからです。

事実わたしのもとには、割り勘でお付き合いを続けてきた女性から「わたしのほうが年齢も年収も低いのにこのままでは納得いかない」という不満の声がよく届きます。納得いかないと言われてもどうしようもありません。お金を出してでも付き合いたいと思ったのは、まぎれもなくあなただからです。そしておそらく彼は「割り勘で付き合えるなんて安上りだラッキー」とほくそ笑《え》んだことでしょう。一度こうなったら変えることは不可能です。

ですから自分がデート代を出すときは「本当にそれでいいのか？」長期的視野にたってよく考えてください。

デート代を払ってもらうことに居心地の悪さを感じる女性がいます。そういうあなたはデートに対する気合が足りないのです。身なりや気遣いに手を抜いていませんか。

「わたしここまでやってんだからご馳走になって当然よね」と自信を持てるくらい完璧にお洒落して、デートがスムーズに進むように気を配ってください。

彼のエスコートでちょっと至らないところがあっても、さりげなくフォローしてあげてください。デートのアイデアを出し、予約をお願いし、持ち物を確認し、会話をつなげるのです。

そうすれば「申しわけない」なんて思わないはずです。遠慮なく「ご馳走さまでした」と笑顔で言えるはずです。結婚を見据えてお付き合いするなら、「あなたのその笑顔を見たいからご馳走する」という男性を選びましょう。

5 独身証明書の取り方

彼が本当に独身かどうか自信が持てない場合、「独身証明書」を提出してもらいましょう。

独身証明書とは、戸籍に「結婚していません」と書いてあることを証明するための書類です。実際は「当市区町保管の公簿によれば、上記の者が婚姻するにあたり、民法第732条（重婚の禁止）の規定に抵触しないことを証明する」と書いてあります。

これは本籍地がある自治体の窓口で請求できます。本人確認書類と、発行手数料（通常は300円）が必要です。独身証明書があれば相手は間違いなく独身です。既婚者だったら申請しても発行されません。

あるいは戸籍謄本《とうほん》を見せてもらってもいいと思います。1人分しか載ってない戸籍〝抄本〟ではなく、家族全員が載っている戸籍〝謄本〟です。「戸籍全部事項証明書」と呼ばれることもあります。マイナンバーカードがあればコンビニでも簡単に取れます。

なお、ユーブライドには独身証明書の提出ができるようになっています。証明マークがついていれば相手は独身だと確認できますね。

6 「結婚前提」はなぜ重要なのか

お付き合いを始めるとき、「結婚前提の確認をとろうとすると、プレッシャーになって逃げられるのでは？」と心配してこの作業をおろそかにする人がいますが、これはダメです。ちゃんと確認してください。

逃げられたらそれまでですし、**結婚前提すら宣言しないような人はプロポーズなんてもっとしません。**婚活しているなら結婚前提の確認は絶対必要です。

男性は結婚の夢はペラペラ語ります。「新婚旅行はここ行きたいな」「子どもは2人欲しいね」「家は一戸建てがいいな」「結婚式にこの人呼びたい」こういうのはいくらでも罪悪感なく言えます。

しかしウソはなかなかつけません。**「結婚を前提に付き合ってください」というセリフ、多くの男性はこれを演技で言うことはできないのです。**口に出して言うということとは、それだけ本気度が高いことを示唆しています。ですから面と向かって言ってもらうことがとても大事なのです。

「真剣に彼女を探してます！」「未来のパートナーを探してます！」「お見合いしたいです！」という言葉も真剣そうに聞こえますが、これは逃げ道を残しているので、微妙です。もしこう言われたら「それは結婚前提ということですか？」と必ず確認してください。

7 誕生日を交際期限に

お付き合いが決まったら、誕生日はいつなのか聞いてみましょう。相手も真剣だったら必ずあなたの誕生日を聞いてくるはずです。

もし自分の誕生日が2～3カ月後にあったら、とてもいいタイミングです。その日をプロポーズさせる日に決めてしまいましょう。誕生日を目標に婚約の準備を進めるといいと思います。

わたしも夫と付き合ってちょうど3カ月後が自分の誕生日だったので、ここでプロポーズしてもらいました。

8 カミングアウトは告白後

持病や特定の宗教の信仰など、伝えなければならないことがある方は、相手から告白された直後にカミングアウトするのがいいと思います。男性の気持ちは告白直後が一番盛り上がってるので、このときがあなたを一番受け入れやすいタイミングです。結婚の話が具体的になってきたときに言うと、「騙された！　もっと早く言ってよ」と思われかねません。逆に会ってすぐの段階で言うと重く感じられ、つかめるご縁もつかめなくなってしまいます。

ですから、告白直後がベストだと思います。

もし告白前に相手から質問されたら、このときは正直に答えてください。基本的には聞かれるまで自分からペラペラと話す必要はありません。

整形についてはずっと黙っていましょう。その事実は墓場まで持っていってください。彼はいまのあなたが気に入ってお付き合いを始めたのですから、その気持ちをわざわざ踏みにじることはありません。目が二重なのに生まれた子が一重だったとしてもシラを切り通しましょう。親とまぶたの形が違う子なんて世の中にはたくさんいます。大丈夫です。

万が一に備えて整形前の写真はすべて捨てておきましょう。残しておくのは集合写真、遠目に写った写真、プリクラ加工写真、解像度の低いボケた写真だけでいいと思います。

9 いい人なのにときめかない

「条件も人柄もいい人なのに好きになれない」、といって悩む女性が多いです。そういう方は以下のように進めてみてください。

まず生理的にNGならすぐにお断りです。生理的嫌悪感は努力ではどうにもならないので悩むだけムダです。手をつなぐ、キスくらいはできそうであるならば続けます。3回会ってみて、生理面以外の嫌悪感がつのるようならお断り。悪くないと感じたら付き合う。

フローチャートにすると下記のような感じになります。

普通に考えて、条件も人柄もいい人と一緒にいて好きにならないほうが難しいです。ですから生理的にナシではないなら、続けていれば自然と恋愛感情はわいてきます。大丈夫です。

お付き合いをなかなか決断できない女性は、お付き合いを重く考えすぎてることが多いようです。特に真面目な女性ほど「結婚を考えるからには、すごく好きにならなければな

【いい人だけどときめかない場合の婚活フローチャート】

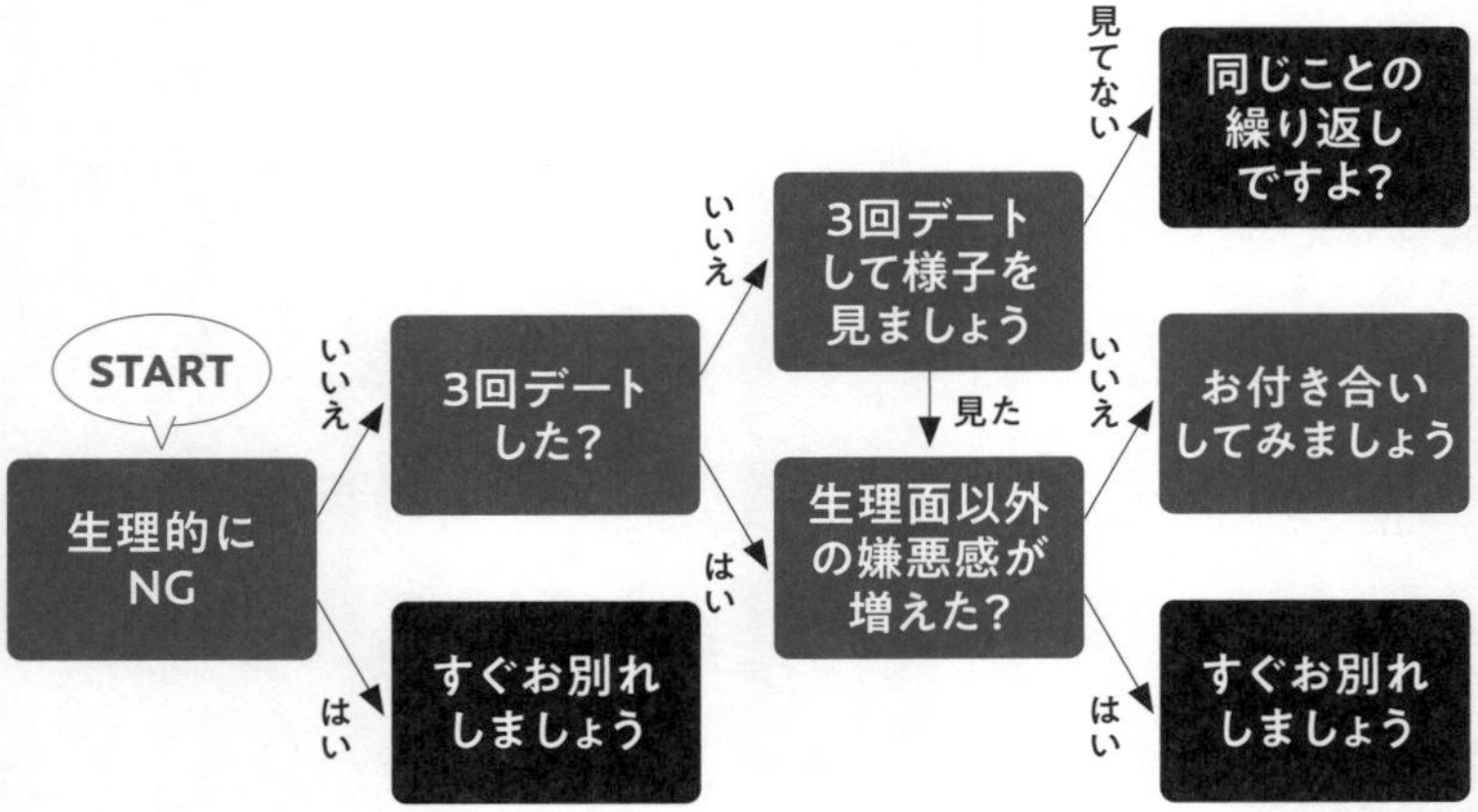

©2019アプリで結婚したアラフォー涼子

らない」などと思っていますが、付き合う前にそこまで気持ちが盛り上がることはまれです。相手は数回会っただけの男性です。よほどイケメンとか年収が高いとかなら「ステキ～！」となれるかもしれませんが、普通はそんなことは起きません。

「今後50年一緒に暮らす伴侶を探すのだ」と肩に力が入ってしまってる方もいます。50年も先のことなんて誰にも何もわからないので、せいぜい10年先くらいがイメージできればいいと思います。「外見、経済力、性格、価値観、義家族。10年は持ちそうか？」という視点でお相手と向き合ってみてください。

そもそも結婚前提でお付き合いしても、途中で結婚したくなくなるということはよくあります。あなたが彼を振る可能性も、彼にあなたが振られる可能性も充分あります。そうそう簡単に結婚までたどりつくことはありません。

ですから、「悪くないな」と思ったらお付き合いしてみましょう。どちらか一方が「やっぱないわ」となった時点で終わる関係ですから、あまり気負うことはありません。

それでもどうしても気乗りしない場合はこう考えてみてください。

自分が断ったあとに親友が彼と結婚したと想像してみましょう。彼女が幸せになり、あなたに「別れてくれてありがとう！」と言ってきたらどう思いますか。「全然惜しくない。くれてやる」と思えるのなら、お断りでかまいません。しかし少しでも「ガーン！もったいないことした！」と後悔する可能性があるのなら、前向きに考えてみてはどうでしょうか。

10 ボディタッチで刺激する

ボディタッチはうまく使えば相手をドキッとさせるのに大変役立つテクニックでもあります。ここでは婚活で使えるライトなボディタッチのやり方をこっそり伝授したいと思います。

1つめはカギや定期を落として相手に拾わせることです。受け取るときにさらりと手を触り、「ありがとうございます」と笑顔を見せます。

2つめは「ゴミついてますよ」といって肩や腕のあたりからゴミを取るフリをすることです。あらかじめ手のなかに糸くずや葉っぱを仕込んでおいて「ほらっ」と見せてもいいですね。

3つめは転ぶフリをして相手の腕をつかむことです。ただしあまりガシッとつかんではいけません。あくまで軽く、ほんの一瞬だけ3本指くらいで軽くつかんで「すみませんっ」とすぐ離しましょう。お酒を飲んだあとに酔ったフリしながらやるといいと思います。

いずれも自然にやれば全然いやらしくありませんし、脈ありの男性ならドキッとするはずです。意中のお相手ともう一歩距離を縮めたいときにやってみてください。

11 付き合う前のセックスはNG

婚活において付き合う前のセックスは絶対NGです。たまにもっともらしい顔で付き合う前のセックスの正当性を主張する男性がいますが、それはただのヤリモクです。婚活している人ではありません。

しょせん口約束でしかない付き合うというステップを踏まず、なぜ先に関係を持とうとするのでしょうか。それは別れるのが面倒くさいからです。本当はヤリたいだけなのに、付き合う約束をしてしまったらそのあとがダルい。だから付き合うと言いたくない、それだけです。こんな男の口車に乗ってはいけません。

ほかにも「体の相性を確かめたい」とかいう人がいます。いったい何を確かめようとしているのでしょうか。サイズですか？ 前戯ですか？ 体位ですか？「体の相性って大事だよね」というようなことを言われたら、具体的に何のことを言ってるのか聞いてみてください。

気がついたらキスしてて、気がついたら体の関係持ってて、気がついたら付き合ってましたみたいな展開は婚活ではナシです。 それでうまくいくと思うのはドラマの見すぎです。

ホテルに誘われると断れなくなってしまう女性は、スマホにご両親の写真を入れておきましょう。アポの途中でトイレに行き親の写真をしっかり見る。そうすれば断れるはずです。

男女関係においてセックスのコミュニケーションはとても重要です。しかし付き合う前に確認すべきことではありません。付き合ってダメだったら別れればいいだけです。関係を持つときは必ず結婚前提で付き合う約束をとってください。

12 セックスしてからが本番

前項でさんざん「お付き合い前のセックスはNG」とお話ししましたが、一方で、服を着たままでは何度デートしようが、何百通LINEしようが、相手の本質はわかりません。

付き合う前の男性は調子がいいです。セックスしたい一心で本音と違うことも平気で言います。なのでお付き合い前にあれこれ見極めようとしても限界があります。相手をもっと深く知りたいのであれば、お付き合いを始めるしかありません。

婚活といえど、男女関係は体の関係を持ってからが本番です。そもそも女性は体の関係を持つと恋愛スイッチの入る人が多いです。**〝好きになったらセックスする〟ではなく、〝セックスしたら好きになる〟のです。**ですから「イヤじゃない」「こんなもんかな」くらいの気持ちがあれば、そこから恋愛感情がわいてくる可能性は充分あります。

逆にお付き合いが始まったのに、なかなか体の関係に進まないというケースがあります。

彼は人と打ち解けるのに時間がかかるタイプなのかもしれません。あるいは過去の恋愛で自信を失ってるのかもしれません。その場合は焦らず、最初のうちはスキンシップを楽しんでください。一緒にお風呂に入ったり、マッサージしたりしながら彼が自然に盛り上がってくるまで待ちましょう。緊張をほぐすために音楽をかけたり、アロマをたいたり、キャンドルをつけるのもいいでしょう。

くれぐれも自分のほうが慣れてるからといってリードしてはいけません。それは最後の手段です。極力、彼が自発的に関係を持ちたくなるまで待つこと。

何歳になっても最初のセックスは誰しも緊張します。映画みたいにバッと脱いでバッとこなしてめくるめくアバンチュールなんてことは普通ありません。スムーズにできる人は相当な遊び人です。ですから相手がモゴモゴしていても、辛抱強く様子を見ましょう。慣れてくれれば本調子になるかもしれません。

13 同時並行のコツ

婚活をしていると同じタイミングで複数の男性からアプローチされることがあります。どちらもナシではない、選べないという場合は同時並行しましょう。つまり二股、三股でお付き合いします。一球入魂だとどうしてもキモい行動に走りがちですし、気持ちを分散させる意味でも有効でしょう。

「結婚前提で付き合い出したものの雲行きが怪しくなってきた」というときも、水面下で婚活を再開することを推奨します。

というのは結婚前提で付き合い出しても破局することが多いからです。そうそう結婚にはたどりつきません。リスクヘッジという観点からも同時並行できるならどんどんやってください。

ただし結婚前提の彼氏を複数並行するのはかなり大変です。気力も体力もいるし、話が混同しないように会話するだけでも難しいです。なのでやるときは、**相手に絶対悟**

らせないでください。そのためにはいっさいの罪悪感を持たず「だって、わたしモテちゃうんだから仕方ないよね！」と開き直ってやることです。

同時並行する場合は、なるべく告白のタイミングをずらしましょう。全員同じタイミングでスタートしてしまうと大変なことになります。どうやるかというと、優先順位が低い人に告白されそうになったら塩対応で引き延ばし、告白されたら「考えさせて」と返事を引き延ばすのです。その間に優先順位が高い人をチェックします。

万が一アプリに再登録してることが彼氏にバレたら「えっ、ウソ?!」と大きく驚き画面を見ましょう。「やだ！わたしの写真が勝手に使われてる！運営に通報しなきゃ！」ということにすれば、ごまかせるかもしれません。

なお、同時並行は相手がしている場合もあります。同時並行されたくなければ、彼氏の空き時間は全部押さえにかかりましょう。物理的に他の女性と会ってる時間がなければ並行はできません。

とてもこんなことうまくできない、難しいという方は無理せず、一人づつ向き合ってください。

14 恋愛遍歴は根ほり葉ほり聞く

男性の本質は、過去の恋愛遍歴に一番よく現れています。三つ子の魂百までとはよく言ったもので、人はそう簡単には変わりません。歴史は繰り返します。**過去の女性に対する振る舞いが、そのまま自分の身に降りかかってくると思ってほぼ間違いないでしょう。**

というのは男同士では「あの子カワイイ」「ヤッたヤラなかった」という即物的な話はしても、情緒に関わる恋愛話はほとんどしないからです。というかできないのです。だから恋愛しても精神面はあまり成長しないし、破局の原因についても深く反省しない。同じことが繰り返されるのはこれが原因です。

ということで未来を見るなら、まずは過去調査から。これまでどんな恋愛をしてきたのかはよく聞いておきましょう。

●元カノの外見の雰囲気

●元カノのスペック（身長・体重など）
●元カノのどこが好きで、どこが嫌いだったのか
●なれそめ
●どういうデートをしていたのか
●なぜ別れたのか

自分の脳内でドラマ再生できるくらい聞き出してください。

ポイントは離婚理由を聞くときと同じで全共感の姿勢をとることです。「はあ？　何言ってんのこの人？」と思うようなことがあっても顔に出さず、ニコニコしながら「わかる～」と言いましょう

わたしの経験では、恋愛トークをじっくり聞いてあげるとだいたい喜ばれます。特に婚活男性は他人と恋バナなんてあまりしないので、語ること、聞いてもらうことが新鮮なのだと思います。ですからどんどん聞いちゃってください。

別れた原因が自然消滅という人がいます。これは要注意です。まともな男性なら「別

れた理由が自然消滅なんてカッコ悪いなマズいな」という感覚があります。だから事実だとしても言いません。これがサラッと言えてしまうということは彼は「自然消滅は悪いことではない」と思ってる証拠です。つまり面倒くさくなったら逃げる、お付き合いに真剣に向き合えない性格である可能性があります。

平気な顔で「元カノとは友達」などと言う人も注意が必要です。真面目に付き合ってなかったか、セフレ（セックスフレンド）としてキープしてるのかもしれません。

元カノの話を聞いて「なんでそんな変な女と付き合ってたの?! 見る目なさすぎ！」と言いたくなることがありますが、ここはなんとか流しましょう。女を見る目がある男なんてそれほどいないので仕方ありません。**真面目な男性でも、頭がいい男性でも変な女性と付き合ってることはよくあります。**

問題はそのあとです。それが原因で女性恐怖症になってこじらせてると、あなたとのお付き合いも厳しくなります。おっかなびっくりにしか距離を縮めてこないからです。

そうではなく「こんな女と付き合っててもムダだ。別れよう」と能動的に動いた男性は見込みがあります。散々な目にあっておきながら懲りないということはメンタルが強い証《あかし》だし、あなたは普通にしてるだけで感謝されます。ラクなお付き合いができるかもしれません。

相手のことは聞いても、自分の恋愛遍歴は極力黙っていましょう。女性は過去の男の話をすると中古感が漂います。聞かれても「忘れちゃった」でOKです。あるいは「わたし一人の男性と付き合うと長いの。だから同年代の女性よりすごく少ないと思う」という答えでもいいでしょう。人数も期間もハッキリ言わなければ、余計な想像もされずに済みます。

あなたが処女だろうと100人斬りのヤリマンだろうと、これから会う男性には関係のないことです。バカ正直に話す必要はありません。

15 家族構成の聞き方

家族構成を知れば、より深く彼のことも理解できます。同じ長男でも一人っ子と、女兄弟がいる場合とでは、その性格はだいぶ異なります。ですからどんな家族がいるのかは早めにヒアリングしておきましょう。

お付き合いが始まってるなら単刀直入に聞いてもいいのですが、その前に遠まわしに触れても比較的簡単に知ることができるので、ここではその方法を伝授します。初アポ編の「16 アポで使える質問」でも書きましたが、

●「ご両親は結婚しろってうるさい？」

という質問は本当に便利なのでぜひ使ってください。**主語に「ご両親」と入れるのがポイントです。**離婚してたり鬼籍済などで両親が揃っていなければ「あっ、うち、母親しかないんだ」とか言ってくるので、これでどの親がいるのか判明します。

兄弟の有無を知るには

●「一人っ子ぽいよね」

●「妹とかいそう」

●「末っ子でしょ」

と適当な前提で言ってみましょう。ビンゴでもそうじゃなくても、これで兄弟の有

無がわかります。

ちなみにこの〝適当な前提〟というのは日常生活でも使えます。たとえば実生活で知り合った男性に彼女がいるのか知りたい場合「ステキなネクタイですね。彼女からのプレゼントですか？」と、彼女がいる前提で質問をするのです。そうすれば、いるのかいないのかすぐわかります。「彼女いますか？」という聞き方だと露骨ですが、この聞き方なら変に勘繰られずに済むでしょう。既婚者かどうか知りたい場合は「奥さまからのプレゼントですか？」ですね。

脱線しました。

家族構成がわかったらそこから

●「へー、仲いいの？」
●「10年も一人暮らししてるとお母さん寂しがってるんじゃない？」
●「わたしも妹ほしかったな」

と畳かけて家族の話を深掘りしていきましょう。これで家族の婚姻歴や甥姪の数なんかもスルスルっとわかります。

なおユーブライドなら家族構成と同居・別居の記入欄まであるので、記入してある人ならプロフィールを見るだけでわかります。それ以外のアプリは長男、次男までしかわからないので、自分で聞くしかありません。

16 絆を深める

お付き合いが始まったらぜひツーショット写真をたくさん撮ってください。スマホの自撮りに慣れてない方は、理想のポーズで狙った背景を入れられるようになるまでしっかり練習しましょう。

持ち方は下のイラストの通りです。片手でスマホを持って、片手

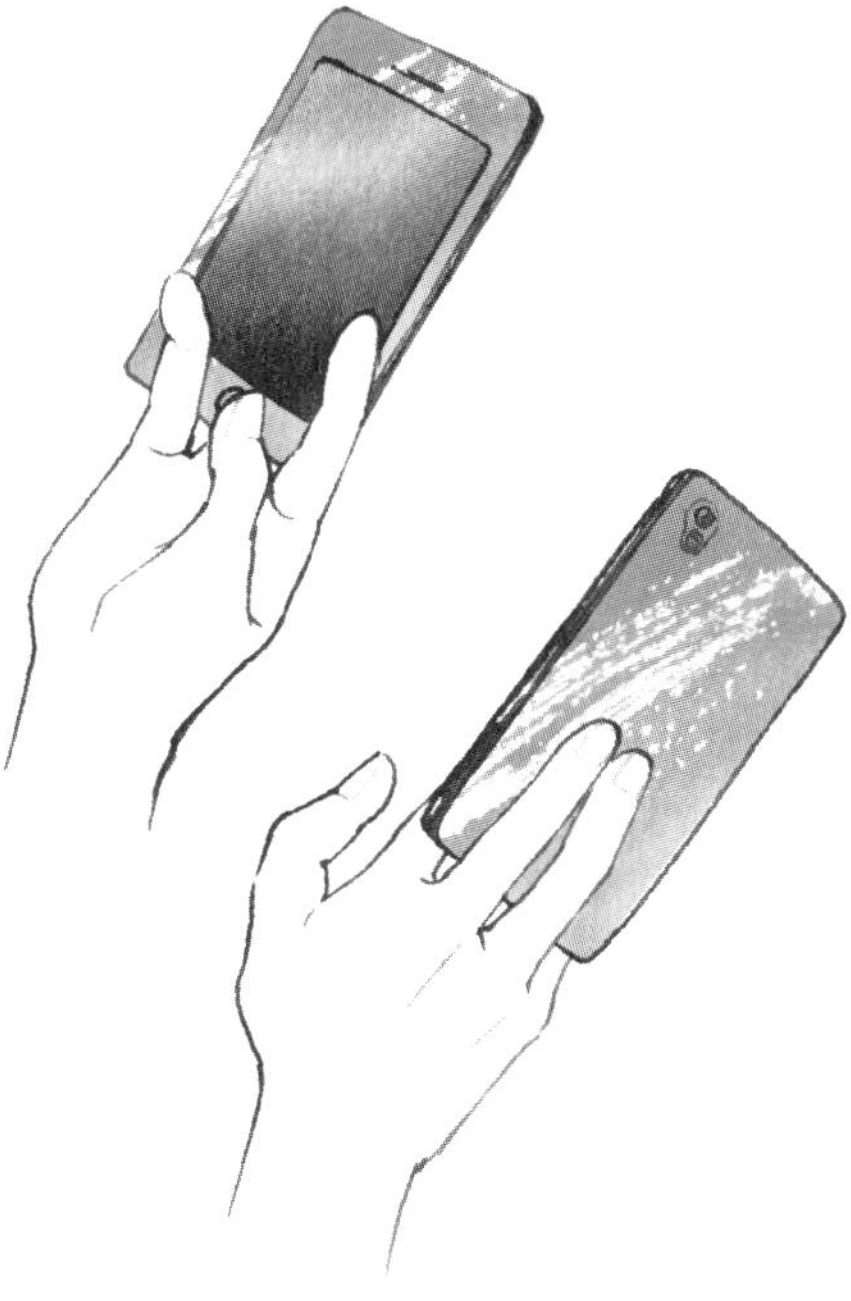

で撮影します。

会えない間はデートした写真を送ったり、プリントした写真をフォトフレームに入れ部屋に飾ってもらいましょう。そうやってあなたとの接触機会を増やすのです。人は同じものに何度も触れるとそれだけで好意を抱きやすくなります。これを心理学の法則で単純接触効果といいます。よく見る芸能人をいつの間にか好きになってたりするのは、この心理効果がきいてるからです。選挙になると選挙ポスターを街に貼り出しますが、これもたくさん目に触れさせることで有権者に好感を持ってもらうのが狙いです。

マッチングアプリの出会いは手軽ですが、絆を作るのは難しい。理想は何度も直接会うことですが、コロナ禍でなかなかそうもいかない場合は、写真の共有で絆を作っていくといいと思います。

お付き合いが始まったら交際記念日を作って1カ月記念、2カ月記念に写真を見ながら思い出を振り返るといいでしょう。

男性がプレゼントをくれるといったら、アクセサリーや花束をもらうようにしましょう。間違っても実用的な家電製品をねだってはいけません。3万円のオーブンより3千円の指輪、5万円のパソコンより5千円のネックレスです。値段は関係ありません。便利なものではなく、ロマンチックな気分にひたれるものをもらうことこそが大事です。ここをなおざりにしてはいけません。

これはもう女性の仕事だと思って、記念日にはちゃんとケーキを買って写メを撮り、ジュエリーは買ってもらってしっかり身につけましょう。「記念日は気にしない」「ジュエリーには興味がない」という女性でも、婚活中は全部封印してください。ロマンチックな思い出はお金では買えません。こういう思い出を積み重ねることが二人の絆を深めることにつながります。

17 損切りする勇気を持つ

婚活で難しいのは「損切り」です。

いくら好きでも「もうダメだ」と判明した男性とはさっさと終わりにしなければな

りません。しかし女性にはこの決断が難しい。ここまでがんばったんだから、ここまで我慢したんだから、とつい粘ってしまいがちです。

さらに男性というのは自分からあまり別れ話をしません。自分が悪者になりたくないからと、女性から別れを切り出すように仕向ける人もいます。女性には終わりが見えづらいため、ズルズルと引っ張ってしまうことがあります。

こうして「損切り」が遅れても、失った時間は戻ってきません。

「また婚活したくない」という理由で、彼氏にしがみつくのは間違っています。そのまま結婚しても不満は増大するだけ。**あなたがすべきことは、話し合って解決するか、損切りするかの二択しかありません。**話し合いで解決しないなら、「自分から捨ててやる」という勇気を持ちましょう。

「損切り」は決して失敗ではありません。次の良縁を呼び込むために必要なステップです。終わった恋を捨てれば、必ず新しいご縁がやってきます。心配も不安もいりません。

あとで振り返ったとき、必ず「あのとき損切りして良かった」と思うときが来ますから大丈夫ですよ。

18 お断りの仕方

基本的にお断りはせずフェードアウトでいいと思います。やりとりをやめるだけで、たいていの人は察するはずです。

お付き合いしていたり、相手からリアクションを求められたら、はっきり断ってください。

お断りのコツは次の通りです。

1. 相手を上げて↑↑↑
2. 自分を下げて↓↓↓
3. 感謝で締める

「あなたは大変素晴らしい方だと思った（1）。しかしわたしにはもったいないと思った（2）。会ってくれて本当にどうもありがとう（3）」

これでＯＫです。ここまで丁寧に伝えればそうそうトラブルにはならないはずです。

もう少し具体的に書いてみましょう。

「こんにちは。あのあといろいろ考えたのですが、○○さんはとても博識で気遣いのできる素晴らしい方だと思いました。（↑相手を上げる）

しかし○○さんには、わたし以外の方が相応《ふさわ》しいと感じてしまいました。すべてはわたしの至らなさが原因です。本当に申しわけありません。（↑自分を下げる）

これまでわたしに時間を割いてくださり、本当にありがとうございました。○○さんに素敵な出会いがあることを祈っています。（↑感謝で締める）」

なお「お食事、ご馳走さまでした」みたいなのはいりません。これを書いてしまう

と相手に払ってもらったことを意識させてしまうので書かないほうがいいです。デート代を全額ご馳走になっていたとしても、そこに引け目は感じず正々堂々と断りましょう。

19 休むも婚活

「何かうまくいかない」「やる気が起きない」というときは誰にでもあります。そんなときは思い切って休みましょう。

やりとりしてないと不安、アポの予定がないと不安、だから常にだれかキープしてないと！　といってやみくもにマッチングしても消耗するだけ。**お付き合いも結婚も、自分を削ってまでやるものではありません。**疲れたり心がトゲトゲしたら休むこと、それも婚活です。

6カ月イライラモヤモヤしながら婚活するより、3カ月休んでスッキリして次の3カ月をがんばる。そのほうが健全だし、いい出会いもつかめます。相手がいないときは、自分磨きなり休憩なりして、じっくり次のご縁を待てばいいのです。

ただ1年以上休むのはおすすめしません。年単位で恋人がいないと恋愛のやり方を忘れてしまいます。脈のアリナシすら読めないくらい勘が鈍ると、婚活も難航するので、休むとしても最長で半年程度がいいでしょう。

「今日が人生で一番若い日」なんて言葉に煽られる必要はありません。時間を重ねたからこそわかること、得られるもの、決断できることだってあります。落ち着いてマイペースに進めましょう。

20 集中するなら連休に

「仕事が忙しい」「ずっとモチベーションを維持できない」そんな方はメリハリをつけて、連休に集中してやるといいでしょう。

- ゴールデンウィーク
- お盆休み（夏季休暇）
- 年末年始（冬季休暇）

この時期は新規会員が増えますし、既存会員もアクティブに動きます。普段は婚活してない属性のいい会員ともマッチングしやすいので、ここだけでもがんばるといいと思います。

注意点としては、この時期になったらギアを入れるのではなく、1カ月くらい前から〝種まき〟を始めるということです。つまり、**4月上旬、7月上旬、12月上旬になったらメッセージのやりとりを開始するのです。**そうすると休暇中にアポの予定を入れやすいでしょう。効率的に婚活ができます。

わたしの経験では、年末年始は特に素敵な男性とマッチングすることが多かったように思います。年始はそれだけでおめでたい雰囲気ですし、初詣なんかにも誘いやすいので、ぜひ活用してみてください。

長期休暇以外では、**3連休を意識して活動するといいでしょう。**6月以外は必ず祝日があるので3連休ができやすいです。カレンダーを見て、2週間先くらいに祝日が見えたら徐々に〝種まき〟を始めましょう。

21 同性の友人も選ぶ

婚活しているとつい男性を選ぶことばかりに気を取られてしまいがちですが、同性の友人もしっかり選んで付き合うようにしましょう。恋人ができて浮かれている人、いらぬアドバイスをしてくる人、とにかく愚痴っぽい人、こういう人と一緒にいると消耗します。

一緒にいて心がザワつくようだったら、最低限の礼儀だけ尽くしてなるべく距離を置くようにしましょう。

なおあなたの彼氏の浮気をわざわざ報告してくる友人には気をつけたほうがいいと思います。同情するフリをして他人の不幸を喜ぶタイプかもしれません。

「婚活してまで結婚したくないわ～」独身の友達にこう言われたことがある方もいるでしょう。「わたしだって好きでやってるんじゃない」と言い返したくなったこともあるでしょう。

気にすることはありません。婚活を否定してくる人は「あなたに先越されたらどうしよう」と内心焦っているのです。本当は興味ある、ちょっとやってみたい、でもプライドが邪魔して動けない。「だってまだまだデートに誘われるし、告白だってされるし、婚活なんかに頼らなくても大丈夫」と思っている。だから足を引っ張ることで溜《りゅう》飲《いん》を下げようとしてるのです。

友達の意見なんて関係ありません。あなたが結婚したいなら、見栄など気にせず貪欲に婚活してください。泣いて笑って泥まみれになったその先に、運命の赤い糸はきっとあります。

22 婚活仲間作るべからず

最近はツイッターやブログなどのSNSを使って、婚活体験を面白おかしく書く人が増えています。特にダメンズネタはバズりやすい。すると「わかるわかる！　わたしも同じ！」と、少しずつ同志が集まってきます。

それ、本当にストレス発散になっていますか？

はっきり言います。婚活仲間を作るのはやめましょう。**なぜなら女性同士の婚活トー**

クは、ほとんどが愚痴と嘲笑《ちょうしょう》にあふれており、建設的ではないからです。会った男性がどれだけダサかったか、どれだけキモかったか、どれだけケチだったたか、そんな話ばかりしていませんか。

ＳＮＳでは意に反するコメントは一瞬でブロックできます。自分に耳障《みみざわ》りのいい意見だけを集めることができます。すると「自分は正しい！　間違ってない！」という感覚だけが強化されて、反省や振り返りをすることがなくなっていきます。これは婚活するにあたって害にしかなりません。気がついたらただの〝裸の王様〟です。

どんな出会いでも相手だけが悪いなんてことはないはずです。期待する結果ではなかったのなら、「何が問題だったのか？　どうすればよかったのか？」をよく考えなければいけません。

妄想をふくらませすぎたのか、やりとりに不備があったのか、自分の対応に問題はなかったか。

そういう冷静な反省を経ずして、傷の舐め合いばかりしていても、交際や結婚に近づくことはありません。本気で結果を出したいのなら、婚活仲間とじゃれ合っている場合ではありません。基本的に婚活は孤独な戦いと肝に銘じましょう。

もしどうしても婚活仲間がほしいというのなら、うまくいった事例の共有や、自分の言動を客観的に見てくれる人なら意味があると思います。

また、会った男性についてSNSでペラペラしゃべるのもやめましょう。プロフやりとりをスクリーンショットで全世界に公開するのはもってのほかです。もしそのことが相手に知られたら一気に信用をなくしますし、場合によっては名誉棄損で損害賠償の対象ともなります。ペアーズでは利用規約で、「利用者情報についてユーザは守秘義務を負うこと」と定めています。

そもそもたった一人の人と結婚するためにマッチングアプリを始めたはずが、いつの間にかSNSでネタ投稿してはいいね集めが目的になり、婚活コンサルのようなセリフを吐くようになり、愚痴大会に興じ、オフ会に参加し、同性の友達を作り始めたら、それは完全に「病気」です。

いったんアプリもツイッターも削除したほうがいいでしょう。あなたはいったいなんのために婚活してるのか。もう一度よく考えてください。

23 男友達はいらない

婚活していると「恋愛感情はわかないが一緒にいて楽しいし、働いてる業界も同じだし、なんでも話せるから男友達にしよう」などと考える人がいます。これはやめましょう。婚活は結婚相手を見つけるのが目的です。男友達はいりません。

逆の立場になればわかります。もし気になる男性が婚活中に作った女友達にいろいろ相談したり、一緒に出かけてるのを知ったらどう思いますか。気持ち悪くないでしょうか。

婚活にはハングリースピリット、飢餓《きが》感も必要です。男友達などという中途半端な関係を作って満足してはいけません。

ある程度は自分を男日照《おとこひで》りな状況に追い込み、「なんとしても結婚する!」と気合を入れることが大事です。

また脈なしの男に対して「お友達として」食い下がるのもやめましょう。お友達にはなれません。良くてセフレ、下手すりゃキモい女扱いされるだけです。

24 激務くんとのお付き合い

このご時世でも「土日出勤上等！ 2徹3徹当たり前！ 労働基準法？ 働き方改革？ なにそれ美味しいの？」といった環境で働いている男性はいます。

こういう男性でも脈ありなら、付き合う約束を取り付けるまではマメに連絡してきます。付き合い出したら用件のみに減ることはありますが、最初は必ず追いかけてきます。

付き合ってなくて「忙しい」と放置されたら脈なしです。その言い訳を信じるに値しないのは、「じゃあ、なんでマッチングアプリやってるの？」となるからです。**本当にLINE1通返す暇もないくらい忙しかったら、そもそもアプリはやらないでしょう。**だから「忙しい」と言われたらダウトです。繰り返しますが、仕留めるまでは忙しい男性でも前のめりに追いかけてきます。

めでたく激務くんとお付き合いが決まったら、デートの時間も場所も固定してしまいましょう。土曜14〜22時は彼の家、というようにです。定例化すればいちいち調整する手間もかかりません。

「ＬＩＮＥが来ない」とお嘆きの方は、連絡手段を彼が仕事で使ってるチャットツールに変えてみるのも手です。これなら仕事の合間に返信しやすいからです。大手企業ならLync、一般企業ならChatwork、ＩＴベンチャーならSlackなんかを使っています。彼が仕事で使ってるチャットアプリを聞いて、インストールするといいでしょう。

激務くんは「忙しい」という理由だけで女性から振られ続けています。だから忙しさに文句を言わないだけで重宝がられます。マスコミの激務記者と付き合っていたある女性は、近所に住んでるのに彼都合で月1回しか会ってませんでしたが、3年我慢して結婚しました。全然会えなくてもゴールする人はします。寂しがりの女性には向きませんが、一人時間も楽しめる女性なら意外といいかもしれません。

25 地方在住者の婚活

人口が少ない地方エリアにお住まいの方は、アプリに登録しても会員があまりいなかったり、すぐ見尽くしてしまうと思います。その場合は、都市部の人とマッチングしましょう。

コロナ禍では、人口の多い都市部ほど会いづらい状況にあるので、地理的メリットを生かすことができません。会いたくても会えない人がたくさんいますから、自粛期間中は特に都市部の人とつながるチャンスです。ですから男性のプロフに足あとをつけまくるといいでしょう。

もちろん初アポは来てもらってください。出張に慣れてる男性だとわりとホイホイ来てくれます。

京都に住む婚活女性は、東京の男性と月1〜2人会っていました。全員新幹線で来たそうです。札幌に住む女性も、東京から飛行機に乗ってやって来た男性と会ったと言っていました。地方でも観光地に住んでる女性なら特に呼びやすいと思います。

ペアーズの成婚レポには「東京〜富山」「大阪〜カナダ」でマッチングして結婚した人もいます。本気の男女が出会えば距離なんて関係ないことがわかります。アプリで遠距離婚活も充分アリです。

ここで地域エリア別の人口をざっくり書き出してみましょう。

●関東：東京・神奈川・千葉・埼玉＝3600万人
●関西：大阪・兵庫・京都＝1700万人
●東海：愛知・静岡＝1200万人
●九州：福岡＝500万人

これに対し、秋田、和歌山、佐賀、山梨、福井、徳島、高知、島根、鳥取だと人口はいずれの県も100万人に及びません。2桁も母数が違えば、チャンスも全然違ってきます。都市部の人とのご縁も積極的に考えてみましょう。

やる気のある方はゴールデンウィーク、お盆休み、年末年始の長期休暇に上京・上阪して、まとめてアポをこなすというのもアリだと思います。

もし首都圏に出てきて婚活するなら、川崎市にステイするといいでしょう。東京23区だけでなく東京市街や横浜市の婚活男性とも会いやすいからです。

川崎市中原区の武蔵小杉駅なら、東急東横線、東急目黒線、横須賀線、湘南新宿ライン、南武線と主要5路線が乗り入れています。ここを起点に半径20キロ圏内で活動するとすれば、東京・川崎・横浜合わせて人口約1500万人規模のエリアを視野に入れることができます。

ビデオ通話や電話で交流を温めておき、長期休暇中にアポを詰め込んでおく。そうすれば会ったときにスムーズに話が進むと思います。

※この項であげた数字はいずれも人口数なので、女性も既婚者も含まれています。実際のターゲット「独身男性の数」ということなら、半分が男性で、そのうちアラサー男性が1割、アラフォー男性も1割で、未婚率はアラサー5割、アラフォー3割くらいとすると、関東3600万人のうち、アラサー独身男性は約90万人（3600万×0・5×0・1×0・5）、という大雑把な推測になります。アラフォーだと約50万人ですね。

26 マッチングアプリは確率ゲーム

しばらくマッチングアプリで活動したら

- 足あとをつけた数
- いいねされた数
- マッチングした数
- アポ数

●告白された数

を算出してみましょう。たとえば次のように進んだとします。

1. **足あと**……500人
⇐20％
2. **いいね**……100人
⇐20％
3. **マッチング**……20人
⇐50％
4. **アポ**……10人
⇐10％
5. **告白**……1人

500人に足あとをつけて1人に告白されたとします。ということは、5人の男性に告白してほしければ2500人に足あとをつければ達成できることになります。

わたしの場合、1～5を2週間で回し、まずは1カ月に2人告白させることを目標にしていました（実際は1人が限界でしたが）。そして**この告白してきた男性こそが自分の市場価値にフィットした人、メルクマールとなります。**「これ以上を望むのは高望み、これより下なら選びやすい」という手ごたえをつかんでから、自分の希望をチューニングしていきました。

告白されて以降の展開をしくじると一瞬ショックを受けますが、すぐ次の打席に立ちます。そうすればまたすぐ似たような人と会えるからです。

あるいはこういう見方もできます。たとえば3カ月活動し

●タイプ 1人
●まあまあタイプ 3人
●タイプじゃない 5人

に会ったとします。すると次の3カ月もだいたい同じ結果になります。タイプの人とご縁がないとやはり一瞬悲しい気持ちになりますが、これも落ち込む必要はありません。どうせまた会うからです。ネクストチャンスでつかまえられるよう、反省と対策を立てるほうが建設的です。

漫然とダラダラやりとりやデートを繰り返すのではなく、数字を意識してみましょう。すると「自分はどれくらいの人と、いつ頃結婚できそうか？」も見えてきます。

よく「涼子さんはなぜ婚活を最後までがんばれたんですか」というご質問をいただきます。それはまさに、数字を把握することで、ゴールがイメージできたからです。

わたしはアプリを始めて最初の1年で「結婚を考えてもいい男性はだいたい4カ月に1人現れる」というデータを得ました。つまり年に3人です。なので「あとはこの3人にいかにプロポーズさせるか」ということを考えていました。

こうなればもはやマッチングアプリは確率ゲームです。確率ゲームとわかればいちいち喜んだり、悲しんだりすることがムダという境地に至ります。

オリンピックに出場した陸上選手が「失敗したときのリアクションが大きい人ほど挫折しやすい」と言っていました。結果に一喜一憂してるとメンタルが消耗して早く力尽きてしまうのだそうです。一生懸命やるのはいいことですが、婚活に振り回されてはいけません。

アプリ婚活はただの確率ゲーム。淡々とやりましょう。

コラム⑤

婚活Q&A-2

（「コラム④」に続く「婚活Q&A」その2です）

Q. 彼氏と郊外デートしたらランチが菓子パン数個でした。またイタリアンに行ったら飲み物だけ二人前、食べ物は一人前しか注文しませんでした。彼はケチなのでしょうか。（50代女性）

A. 彼は小食ということはないでしょうか。あまり食べられない人だと書かれてる程度の食事でお腹いっぱいという人もいると思うので、本当にその量で満足なのか確認されてはいかがでしょう。もし本当はもっと食べたいのに少量で我慢しているのなら、おっしゃる通りケチなんでしょうね。

Q. 長文や追撃のLINEが何度も来てしんどいです。やり取りをやめてしまいたいと思うことも。わたしはダメな人間なのでしょうか。（30代女性）

A. しんどいのは彼と向き合いすぎて彼のペースに合わせてしまっているからです。彼からポンポンLINEが来るからといって、あなたもポンポン返す必要はありません。あなたはあなたのペースで返せばいいのです。2日に1回がちょうどいいなら、彼からどれだけ追撃が来ようと2日に1回で大丈夫ですよ。

Q. 大企業の女性と中小企業の男性の恋愛ってうまくいくと思いますか。やはり女性は彼氏より社会的に下の立場でいたほうが、安心されるでしょうか。（30代女性）

A. 彼女のほうが大きい会社に勤めていたら、面白くないと思う男性は多いと思います。まあ男性もね、わかってるんですよ。そんなことを気にするオレって小さいな、ばかばかしいなって。でもこれはほとんど本能ですから、頭でわかっていても感情をコントロールするのはなかなか難しいと思います。彼氏が男としてのプライドにこだわらない、ちょっとニブいタイプだったらうまくいくかもしれませんね。

Q. 養ってもらいたい！働きたくない！産みたくない！家事苦手！という女性はやはり人としてだらしなく、わがままでしょうか。この考えのまま婚活をしてはダメですか。（30代女性）

A. 全然オッケーです。むしろそれくらい振り切れてる人のほうが結果を出しやすいと思います。結婚なんてタイミングですから。100人から断られてもたった一人の男性に「いいよ」と言わせればそれで〝あがり〟なのです。そしてそういう男性はマッチングアプリに少なからずいます。「何もしなくていい。結婚してくれるだけでいい」という男性がね。

Q. 医師と結婚し、優しい義家族に囲まれ、経済的な心配もなく、かわいい子どもがいる姉夫婦が羨ましくて仕方ありません。姉の幸せを素直に喜べない自分が憎いです。（20代女性）

A. 羨ましく感じてしまうお気持ちは自然なことかと思います。お姉さんに会うと動揺してしまうなら、しばらくお付き合いは遠慮させてもらっては。実の姉妹なんですから少しくらい疎遠になっても絆が切れることはありません。あなたがゆったりした気持ちで会えるようになるまで離れていていいんですよ。それはあなたが結婚されたタイミングかもしれませんし、「姉は姉！ わたしはわたし！」と本気で吹っ切れたときかもしれません。

Q. 奨学金返済中、実家暮らし、低収入で婚活してたら、母から「結婚は逃げでしかない。将来を真剣に考えろ」と言われました。（20代女性）

A. 書かれてる条件は結婚相手が気にしなければ問題ありません。ただやはり、そうでない女性と比べると条件的に不利ではあるかなあとは思います。お母さまもそこを心配されてるのでは？ わたしは結婚を最優先にしてもいいと思います。婚活か自立か、と二択で考えるのではなく、奨学金の返済と年収を上げる努力もしながら婚活も並行で進められたらいいのではないでしょうか。

Q. アプリには「公務員」と記載されており、初アポでも「公務員です」と言っていましたが、そのあと「実はウソで、競走馬を育てている」とカミングアウトされました。ショックです。（20代女性）

A. 職業でウソついてたらナシですね。婚活において男性の職業や年収は最重要情報です。ここで彼のウソを許したら、彼は他のことでも軽い気持ちでウソをつきますよ。おそらく彼は自分の仕事に誇りを持っていないのでしょう。将来性がなくても給料が低くても本当に好きでやってるなら最初から自信を持って開示するはずです。公務員なんていかにも女性ウケしそうな職業で詐称していたということは、彼の馬への想いもたいしたことないのです。仕事に対する姿勢にも疑問符がつきますね。

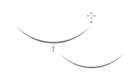

Step
5

婚約・結婚編

婚活もいよいよラストスパートです。
「婚約・結婚編」では、これまでとはマインドが異なり、
女性側の推進力が求められます。しっかり彼を動かし
本プロジェクトを完結させましょう。
またチェックしておきたいタイプ別男性についても
解説します。

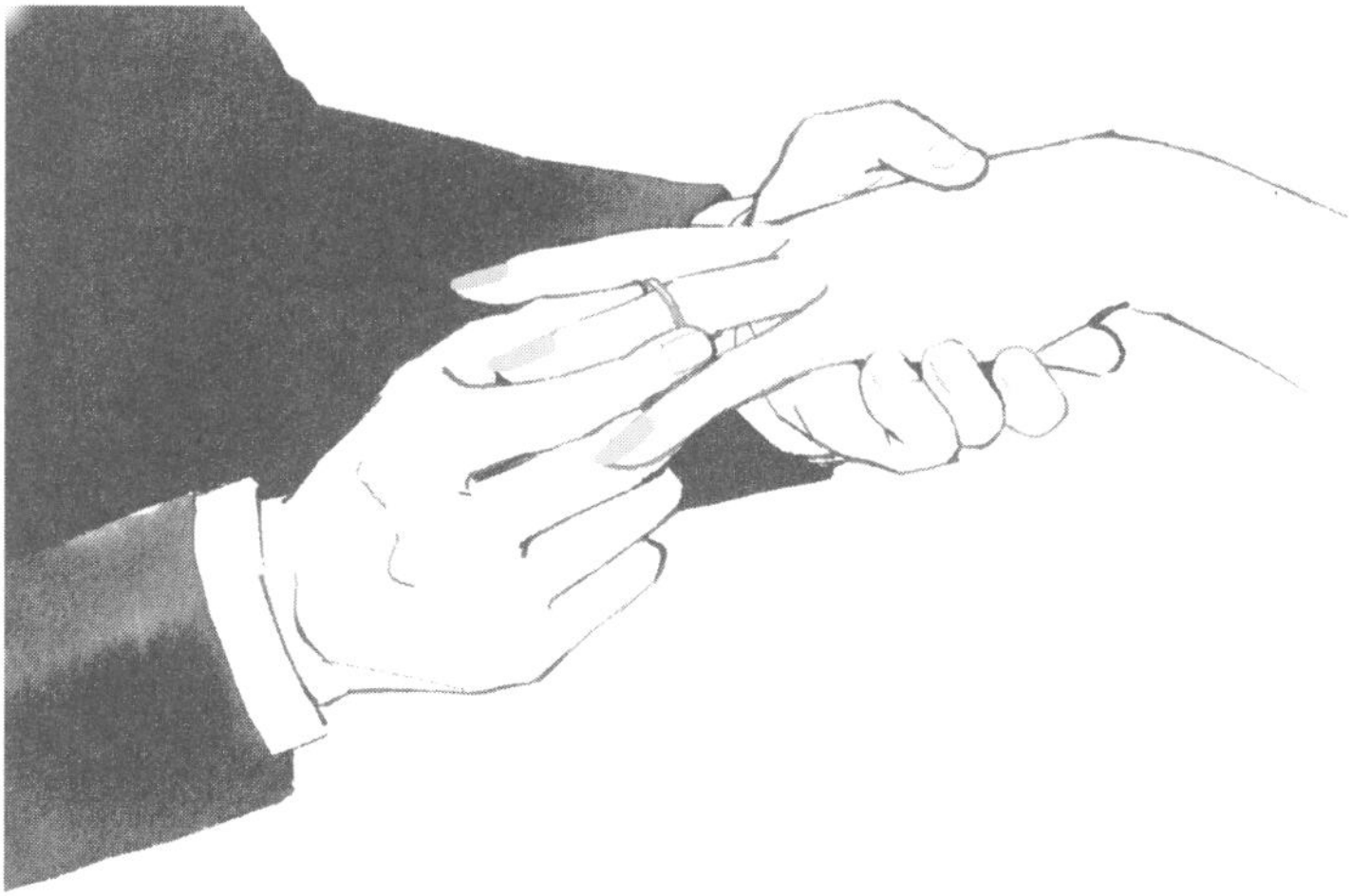

1 結婚までのレールを敷く

賢い女性のみなさんはこれまですべて彼氏主導で進めてきたことと思います。いいね、LINE交換、デートのお誘い、告白、すべて彼氏からの「お願いします」というリクエストを受け入れる形で進んできました。そしてデート代も負担してもらってきました。OK、いい調子です。

では、プロポーズもこの調子で待っていればいいのでしょうか？ 答えはノーです。プロポーズだけは、女性がしっかりプッシュしていかねばなりません。プッシュというのは「結婚して！」と圧力をかけたり、ましてや逆プロポーズしろということではありません。彼の不安を念入りにとりのぞきつつ、どうしてほしいのかを伝え、段取りを組んでいく、ということです。

いままでは男性からのアクションを待ち、表面上は受け身姿勢でいたあなたも、ここからは能動的に動く必要があります。

ぼんやりデートを繰り返しているだけではプロポーズは引き出せません。

なぜなら男性にとって、プロポーズってめちゃくちゃ怖いものだからです。清水の舞台から飛び降りるくらい怖い。「本当にいいのか？ オレ決めていいのか？」とビビりまくって心臓バクバク手足ガクブルで酸欠になりながらやっと言えるものなんです。ですから彼のモチベーションに頼ってるとどんどん後回しにされてしまいます。

そうならないためには、彼が動きやすいようにあなたがしっかりレールを敷いていくことが重要です。「彼と結婚する！」と気持ちが固まったら、婚約したつもりで一気に走り抜けましょう。

2 彼のやる気は見逃さない

まず彼に「あなたのことが好き」ということを改めてしっかり伝えましょう。結婚！結婚！とせっつくだけでは「こいつは結婚できれば誰でもいいのか？」と勘繰られてしまいます。「結婚が目的なのではない（ほんとは目的だけど）。あなたのことが好きだから、これからもずっと一緒にいたいから、その先に結婚があればいいいな」という雰囲気を作ります。

そこで幸運にも彼の口から「指輪でも見に行く？」「ご両親に挨拶に行く？」という言葉が出てきたら、必ず拾って「いいね！　じゃ今週末行こう！」と即答してください。仕事や友達との先約があっても全部放り投げて、ここだけは彼氏のスケジュールを最優先とします。

この2つのセリフが出てくるということは、彼のなかでプロポーズの意志はほぼ決まっているということです。**決意が揺らがないうちに最短最速で予定を組みましょう。**鉄は熱いうちに打て！　です。

そのためには、あなたの心の準備もできてる必要があります。「あのときモタモタしなければ！」などと後悔することがないように、いつでも指輪は買いに行くし挨拶にも行く！　とスタンバイしておいてください。

3　彼の親に会う

そうはいっても、雰囲気作りだけではなかなか彼も動かないことのほうが多いと思います。

そこで頼りにしたいのが彼の家族です。特にご両親に会って気に入られれば、これは強い味方となります。**ご両親から「ステキな彼女ね」と言ってもらえれば、彼のあなたに対する信頼も上がりますし、プロポーズする自信もわいてくるというものです。**

ですからさっさと彼のご両親に会ってきましょう。唐突に「ご両親に会わせて？」と言うのも変なので、彼の口から家族の話が出たらガブッと食いついて深掘りしていきます。

たとえば、彼のＬＩＮＥ通知がピコンと鳴ります。

「あっ、オカンだ。みかん届いたか？ だって」

ここで「ふーん」などと聞き流してはいけません。すかさず「お母さんてどんな人？」と聞きましょう。

「どんなって普通だよ」

「みかん送ってくれるなんて優しいんだね」

「毎年送ってくれるんだよね」

「そうなんだ？ いいな〜会ってみたいな〜、そうだ！ 今度の3連休にご挨拶させてよ」

という感じです。

あるいは、あなたから家族の話をすれば、彼も自分の親について話をしてくるかもしれません。兄弟の話、子どもの頃の話から膨らませてもＯＫです。交際編の「15家族構成の聞き方」も参考にしてください。

とにかく彼の家族の話からアポにつなげていきましょう。もし彼の親と会って、あまりに違和感を感じるようだったら、お付き合いを見直す機会でもあります。義家族との相性は大事ですから早めに心象を確認しておきたいところです。

彼の家にお邪魔するときは手土産を持っていきましょう。何にしようか迷ったら、「ぐるなび」が運営している「接待の手土産（https://temiyage.gnavi.co.jp/）」を参考にしてください。現役秘書による選りすぐりの手土産・ギフト情報が集められたサイトで、わたしもよく利用しています。それぞれの商品ページには、パッケージや手提げ袋の写真もあるので、渡すときのイメージがわきやすいのもいい。他の人とかぶりにくいものや上質なものを贈りたいときに便利です。

4 自分の親に会わせる

自分の親に会ってもらう場合も、自分から家族の話をどんどん振って会う段取りをつけましょう。**実家が近いのであればデートのついでに寄ってもいいと思います。**

その場合、ぜひやってほしいのがあなたのご両親から彼に結婚への圧力をかけさせることです。

「あなた、うちの大事な娘と結婚する気あるの？ ちゃんと責任とりなさいよ」とはっきり言ってもらってください。そしたらあなたは「ちょっと、お父さんお母さん！ まだその話は早いよ！」と言いつつ、彼の反応をガン見するのです。

ここで彼が逃げ腰になるようだったら見込みは薄いかもしれません。しかしちゃんと考えている彼なら「そうだ、オレはこのご両親の大事なお嬢さんと付き合っているんだ。しっかりしないといけないな！」とスイッチが入るはずです。

ところが、あなたの両親が「結婚なんていつでもいいよ～、二人の意思を尊重するよ～」みたいなのらりくらりした態度だと、彼も「そっか、いつでもいいんだ」と思ってしまい気合いが入りません。これでは意味がないので、ご両親に圧力をかけてもらうよう、しっかり根回ししてから呼ぶようにしましょう。

婚活パーティに100回以上通って結婚した芸人の横澤夏子さんも、著書『追い込み婚のすべて』（光文社）で、彼氏を身内に会わせるのは効果絶大だと言っていました。特におばあちゃんが泣きながら「夏子を幸せにしてあげてください」と訴えたら、いともあっさり彼氏から「幸せにします！」という言葉を引き出せたとのこと。「夏子よりおばあちゃんを幸せにしたい」とまで言いだしたそうなので、やはり身内からのお願いというのはインパクトがあるのだと思います。

結婚は、二人の意思が固まっていても、親の反対で破談になることもあります。最後の最後で話がまとまらないと、それまでのお付き合いがすべてムダになってしまうので、やはり親への挨拶は早めに済ましておきたいところです。子どもの結婚に反対するのは母親が多いそうなので、ややこしい母親を抱えている人は特にお付き合いする人が決まり次第、さっさと面通しして〝内示〟を取っておきましょう。

5 彼の不安をとりのぞく――金銭感覚

男性は浪費癖のある女性を大変警戒しています。男女平等、共働きが進んだとはいえ、まだまだ「結婚したら男性が大黒柱になる、経済的に支える」という意識を持っている人は多いからです。

そこで適切な金銭感覚を持った女性であるということをしっかりアピールしていきましょう。具体的には、会話のなかに「中古」「100均」「セール」「チェーン店」といった単語をちょいちょいまぜていくのです。たっぷりではなくてかまいません。ちょいちょいでOKです。

- 「これメルカリで買ったの」
- 「100円ショップ大好き」
- 「セールは必ずチェックする」
- 「ファミレスも美味しいよね」

チラ見せするだけで、あなたの庶民的な一面も充分伝わると思います。

堅実アピールのアイテムとして、節約本も使えます。デートでは本屋を待ち合わせ場所にして、彼の目の前で節約本を買う。彼が家に来るときはこれみよがしに節約本をテーブルの上に置いておく。そうすると「この子は節約意識の高い子なんだな。家計を任せても安心だな」という印象を与えることができます。

ただし、これらはお付き合い前にしてはいけません。**付き合う前に倹約・節約アピをするとケチでしみったれた男性が寄ってきてしまいます。**ですから告白されるまでは美容にもファッションにもしっかりお金をかけ、彼が憧れる女性として振る舞ってください。デートも奮発してもらい、キラキラした時間を楽しみましょう。

お付き合いが始まってしばらくしてから「わたし堅実なところもあるのよ」と少しづつ出していきましょう。デート前のあなたとは違う一面を見せてください。

6 彼の不安をとりのぞく——束縛

男性が結婚に対して恐れているもう1つの要因は、自由がなくなることです。

いままでは好きなときに寝て、好きなときに起きて、好きなときに飲んでいた。欲しいものがあればなんでも買っていた。しかし「結婚したらそういうわけにはいかなくなってしまうのではないか？」と不安になってるわけです。

「嫁ブロック」という言葉があります。既婚男性が妻の反対にあい、独立や転職を断念せざるを得なくなるということを指した業界用語です。とある転職サイトの調査では、35歳以上の男性4人に1人が「嫁ブロック」を受けた経験があり、その半数近くが内定を辞退したとのことでした。こういう話を聞くと独身男性は「結婚したら転職も満足にできないのか」などと思ってしまうわけです。

いままでは全部自分の一存で決められていたことができなくなる……。

この不安をとりのぞくには、普段から口うるさく指図しない、これに尽きると思います。

●ちょっとくらいＬＩＮＥが遅れても責めない
●飲み会には快く送り出す
●仕事については求められるまで意見しない

というように、彼の自主性を尊重し束縛しない、ということです。これは決して都合のいい女になれということではありません。彼を信じるということです。

彼が彼の時間を生きている間は、自分は自分の時間を充実させましょう。仕事をがんばってもいいし、女友達と遊んでもいいし、趣味に精を出してもいい。そうすると自然と束縛しない関係ができるはずです。

そもそも彼の一挙手一投足が気になって仕方ない方は、依存癖か執着心か、何かしら心に闇があると思います。もしどうしてもそういう自分をコントロールできないのならメンタルクリニックなどで相談しましょう。

以上2点、金銭感覚と束縛、ここをある程度クリアしてれば、彼の結婚への不安はだいぶ軽減されるはずです。がんばってとりのぞいてあげてください。

7 指輪の希望は準備しておく

婚約指輪、結婚指輪の希望はいつ聞かれてもいいようにしっかり準備しておきましょう。欲しいデザイン、ブランドがあるのならスクリーンショットをスマホに保存しておいてください。サイズの確認も忘れずに。

もし彼の口から「指輪はどんなのが欲しい？」と聞かれたら、用意していた希望を伝えその流れで買いに行くスケジュールをたててしまいましょう。「じゃあ、○日のブライダルフェア一緒に見に行こう！ いまならギフト券もらえるって」と言って、すぐさま予約を取ってください。

指輪がいらない場合でも、二人の婚約の事実を示すものを何かもらっておいたほうがいいと思います。ネックレスでもいいですし、旅行先の土産物屋で売っているリングでもかまいません。なんでもいいので買ってもらい、「婚約指輪の代わりだね」と言って写メを撮っておきましょう。

ほかにも式場、新婚旅行、住まいの希望がある場合はすべて具体的に用意しておいてください。聞かれてから考えたのでは遅いです。テンポよく進めるためにはすべて自分の希望をはっきりさせておくことです。そうすればすぐに話し合って決められます。

わたしは指輪の希望を聞かれて、すぐネット通販のリンクを送りました。フォトウエディングもやりたいと思っていたので、いくつか業者をピックアップしておき、彼の希望で横浜の業者を選び相談日の予約をすぐに入れました。

8　歳の差婚を考える

ここで「歳の差婚はアリか？」を考えてみたいと思います。みなさんは許容範囲は何歳差までとしてるでしょうか。

厚労省の人口動態調査によると、初婚カップルの7割は上下3歳以内におさまっており、昔に比べ夫婦の年齢差はどんどん縮小傾向にあるそうです。ちなみに夫婦同年齢のカップルは全体の2割になります。

一方で、わたしにいただくご相談を拝見していると、一回り近く上の男性と会っている女性が少なくないことに驚いています。特に30代前半の女性が40代前半〜中盤の男性と会ってる人が多い印象です。20代の女性だと彼氏も同世代というケースが多いのですが、30歳を過ぎたあたりから男性の上の年齢の許容範囲は一気に広がるイメージです。

「割り勘文化」「男女平等ルール」に解せない気持ちを持つ婚活女性は、歳の差と引き換えに年上を求める傾向があるのかもしれません。

となると、マッチングの際に男性の年齢を譲歩したつもりでも、あなたが気になる男性には、想像より若いライバルがいる可能性があります。「こんなに歳の差があるんだから強気に出れるだろう」などと油断してると、他の女性にとられてしまうかもしれない、ということは少し頭の片隅に入れておいてください。

歳の差による価値観のギャップはどれくらいでしょうか。わたしの個人的な感覚ですが、20歳と30歳を100とすると、30歳と40歳は60、40歳と50歳は30くらいかなと思います。つまり歳をとるほど年齢差によるギャップは少なくなっていきます。

高校生のときは3つ上の大学生がすごく大人に見えましたが、40歳を過ぎると3歳は誤差、同世代という感覚です。なので、中高年だったら歳の差婚でも、年齢差ほどのジェネレーションギャップはないかもしれません。若い方ほど年齢差によるギャップは大きくなります。

そもそも35歳を過ぎるとキャリアも健康も資産も個人差が大きくなり、一概に年齢だけでは判断できなくなってきます。わたしはマッチングアプリでプラスマイナス10歳の男性を中心に会っていたのですが、「この50代男性、そのへんの30代男性に勝ってるな」と思うことがたまにありました。ステータスや経済面だけでなく、頭の回転とか外見とかコミュ力とかがですね。

アラサー以下の若い方なら、スペックはまだそんなに差がついていないので、容姿や年齢が与える影響は大きいです。しかしアラフォー以上になると、昔輝いていた美男美女も衰えてくるので容姿による差は縮小していくかわりに、スペックで差がつき、ときに「年齢のハンデを超えることがあるな」、と思ったのが婚活してみてのわたしの実感です。

別に歳の差婚をすすめるわけではないのですが、アラフォー以上の女性なら、上の許容範囲は年齢だけで足切りするのではなく、少し柔軟に考えてみてもいいかもしれません。

なお、年上だから包容力があるというのは幻想です。ない人はいくつになってもありません。特に中高年は更年期を過ぎると幼稚化・頑固化する人も多いので、むしろ包容力がなくなる人もいます。

また「年上好き」とか、「年下好き」といった趣味がありますが、これはあまり意識

しなくてもいいと思います。というのは女性の場合
20歳「年上好き」
30歳「同世代好き」
40歳「年下好き」
と変遷する人が多いのですが、これは趣味が変わったわけではなく、最初から「適齢期の男性が好き」というだけだからです。変わったのは自分の年齢で、趣味は変わってないといえます。

9 子持ち男性との結婚を考える

お子さんがいらっしゃる方との結婚は、いない方と比較して経済的、精神的な検討項目が一気に増えます。

「同居なのか別居なのか?」「養育費はどうなっているのか?」「子どもは小さいのか大きいのか?」など、個々で状況が大きく異なるので一概にはいえないのですが、結婚を見据えてお付き合いするなら、最初に考えておきたいことがあります。

まず、子持ち男性とお付き合いするなら、彼の子どもの幸せを第一優先にすべきということです。彼にとって自分はオマケ、2番以下であると覚悟すること。「子どもよりわたしを優先して！」という方は、そもそも子持ち男性と付き合う資格がありません。

もし彼とその子どもと暮らすのであれば、5秒ほど想像してみてください。血のつながらない子が「うっせえババア！」と刃向かってきても優しく抱きしめることはできますか。自分が産んだわけではない子が、病気や事故で寝たきり状態になっても見捨てないでいられますか。躊躇《ちゅうちょ》なく「できる！」と言えるのであればわたしも応援します。

子どもとは別居で、前妻（親権者）が引き取っている場合、もし前妻が亡くなったら彼とあなたが引き取って育てる可能性が出てきます（遺言で後見人が指定されていればその限りではない）。

たまに「前妻と子どもとの交流はない。今後も会わない」という方がいます。一見子なし男性と何も変わらないように見えますが、たとえそういう取り決めになっていたとしても、前妻に万が一のことがあれば、無関係ではいられません。親子の交流がまったくなくても子持ちは子持ちということです。

同居別居にかかわらず彼が亡くなった場合、彼の遺産は前妻の子どもにも受け取る権利があります。ここでうまく連絡が取れなかったり、取り分で揉めることがあるようです。相続について希望がある場合は、彼が存命中に「公正証書遺言」を作成してもらいましょう。あらかじめ取り決めをしておかないと、彼の死後にもトラブルになりかねません。

10 元カレが忘れられない

つい元カレとの思い出にふけってしまう、マッチングアプリで会った男性と比べて落ち込んでしまうという女性がいます。

はっきり言いましょう。**元カレを忘れられないのは、好きだからではありません。都合の悪い思い出を忘れて、元カレを美化し、新しい人とゼロから関係を築くのを面倒くさがっているからです。**元カレとうまくいかなかった原因を思い出し、ときめくような人を新しく見つければ、元カレなんてすぐに忘れられます。

アプリで会った男性と実生活で会った元カレを比べるのはやめましょう。アプリの人はアプリの人だけで比べる。元カレとは別の生命体と考えてください。

年収300万円の人の時給は1500円です。元カレに1時間想いを馳《は》せれば、あなたは1500円を払っているも同然です。未来のない男にそんなお金を払う価値がありますか？

完全にお別れしているのに、まだ好きだと思うのは、恋愛感情ではなく執着・依存です。あなたは暇なのでしょう。スポーツや趣味や仕事に打ち込んでください。毎日忙しく過ごせば、頭も体も疲れて元カレのことなんか考える余裕はなくなります。

11 元カノには感謝する

彼氏の元カノが気になって仕方ない方は、まず「元カノ＝彼氏とうまくいかなかった人」ということをしっかり認識しましょう。元カノと別れたからこそ、彼はあなたを選べたのです。そのことにもっと自信を持つ。

そしてあなたも元カレの新しい彼女から、あれこれ気にされてると想像してみましょう。キモくないですか？　であれば元カレとの連絡は絶ち、SNSを見るのもやめましょう。

いまの彼を作ったのはまさに元カノたちです。

女性が指図せずとも先回りして動き、愚痴や不満を言っただけで察してケアして解決に乗り出すような男は、元カノに厳しくしつけられた成果です。天然で気が利く男なんぞいません。「デキる男＝他の女が育てた男」です。

ですからいまの彼氏のことが好きなら、過去の女性たちには嫉妬《しっと》するのではなく感謝しましょう。

「とてもそんな気分にならない」というなら、あなたはたぶんいまの彼氏のことがあまり好きではないのです。もう一度お付き合いを続けるかどうか、考えたほうがいいと思います。

12 浮気は見て見ぬふり

もし浮気されても、オロオロするのはやめましょう。他人の気持ちはコントロールできません。浮気をしていようとしていまいと関係ないのです。あなたは彼との関係強化につとめること。余計なことは考えない。彼と自分だけに集中してください。

浮気を知っても、決して問い詰めてはいけません。なぜかというと、あなたが問い詰めますよね。彼は謝りますよね。あなたは許してお付き合いを続けますよね。すると彼は「謝れば済むんだ！」と学習してしまうからです。**一度でも謝って許せば、次からは罪悪感なく浮気をします。**

だから問い詰めるって意味がないのです。別れたくないなら気づかないフリをするしかありません。

そのかわり「わたし知ってんのよ」という匂わせはやっておきましょう。それには浮気相手と行動をシンクロさせると効果抜群です。

- 浮気相手の女と同じ髪型にする
- 浮気相手の女と同じスタンプを使う
- 浮気相手の女と同じ口調でしゃべる
- 浮気相手の女と同じ小物を持つ

●浮気相手の女と同じ場所でデートする

こんなことをされたら彼は怖くておちおち眠っていられません。彼が動揺したところを見計らって、記念日に高いプレゼントでも買わせればいいのです。そうすればあなたの溜飲も少しは下がるでしょう。

もしうっかり問い詰めてしまい、彼が土下座して謝ってきたなら「次に浮気したら500万円払う」と書いた公正証書にサインさせましょう。絶対にしないというのならできるはずです。

怒りをぶちまけていいのは、破局覚悟のときだけです。「もうこんな男はいらない！」そう腹が決まったら激詰めしてかまいません。しかし別れたくないなら浮気は黙ってスルーしてください。

13 彼氏をアプリで発見したら

付き合ってるはずの彼氏をアプリで見つけてしまうことがあります。この場合も泳がしておきましょう。

アプリなんてたくさんあるので、ここで退会させてもいたちごっこなのです。他のアプリに登録するかもしれませんし、SNSで女性とつながってるかもしれません。

不倫騒動で話題になったスポーツ選手や政治家の記事を読むと、「愛人とのコミュニケーションにインスタグラムを使っていた」という記述をよく見ます。もしかしたらマッチングアプリよりインスタのほうが浮気の温床になってるのかもしれません。

彼の行動を全部監視して、全部封じ込めることは不可能です。であれば彼がどこでどんな女と接点を持とうと「あなたが一番」だと思わせるように絆作りに励んだほうが賢明です。問い詰めるのは破局してもいいと覚悟が決まったときだけです。

ただまあせっかく発見したんですから、他の女性になりすまして彼とマッチングし、いろいろ聞き出してみたらいいと思います。自分に対する言動と齟齬《そご》はないかを探るチャンスです。「彼女いそうですね」「アプリで誰かと会ったことあります?」「どんな女性が好きなんですか」などいろいろ質問してみましょう。

以前「彼氏がまだアプリやってる」とご相談いただいた女性にこの通りアドバイスしたところ、「彼女いません。笑」と語尾に「笑」がついて返事がきたと言ってました。

後ろめたいことがある人はメールでも笑ってごまかすんですね。実にわかりやすい。この彼は他のウソでも語尾に「笑」がついていたということでした。

14 ザオラルが来たら

「イイ感じかな?」と思っていた人にフェードアウトされ、2〜3カ月後に「ザオラル(※)」が届く。婚活あるあるだと思います。

もしあなたが「まんざらでもない。この縁を拾いたい」という場合は、必ず再開の条件を決めましょう。それには必ず前回よりハードルを上げること。

何も宣言する必要はありません。こちらから質問や希望を言って、相手がどう動くかだけを確認すればOKです。クリアしたら関係を続けてください。「寂しいから」、「暇だから」となんとなくダラダラ再開するのはやめましょう。

そもそもフェードアウトしたのにザオラルをかけてくるということは、なめられてる証拠です。あなたの気持ちはどうでもよく、自分の気持ちを優先しているということ。ですから、相手にするならこちらの希望を聞いてもらわなければダメです。ホイホイ乗ったらまた高確率でフェードアウトされますよ。

ザオラルする人というのはあなた以外にもメッセージを送っています。彼がいろいろな女に「最近どう？」と打ちまくってるところを想像してみてください。それでもあなたは返事をする気になるでしょうか。

逆にザオラルしてほしい、あるいは自分からザオラルする場合は、ＬＩＮＥのアイコンをかわいくなった自分に変えてからメッセージを送りましょう。外見にアップデートされた形跡があれば男性は反応します。

※ザオラル……ＲＰＧ『ドラゴンクエスト』で、味方を戦闘不能状態から回復させる呪文のこと。転じて「疎遠になった相手にメールを送り、あわよくば復縁を狙うこと」をいう。

15 同棲する場合の注意点

同棲するなら婚約してからです。「好きだから！　一緒にいたいから！」などという理由で同棲するのはおすすめしません。なぜなら男性は一緒に暮らし始めると疑似結婚生活に満足して入籍を渋ることが多いからです。

ある結婚カウンセラーが、「同棲中の男性で本気で結婚する気があるのは2割しかいない」と言っていました。つまり残り8割は結婚しないままか、破局するわけです。同棲して破局すれば、普通の恋愛が終わっただけのときより精神的、経済的ダメージが大きくなります。

「一人暮らしで家賃5万円のアパートに住むのも、彼氏と割り勘で10万円のマンションに住むのも、出て行くお金は同じだから」と同棲する人がいます。しかし彼から見れば、家賃が軽減されたうえにセックスつき家政婦が来てくれたようなものです。圧倒的に得するのは彼です。だんだん家賃の分担に納得できなくなってくるでしょうし、そのまま結婚するにしてもあなたの負担は続くことになります。

ですから安易に同棲するのはやめましょう。するなら婚約してからです。

婚約したうえで同棲するなら、次の4つのポイントを確認してください。

1．期限を決める

3～6カ月くらいでいいでしょう。1年だと結婚できなかった場合のロスが大きいので最長でも半年がいいと思います。結婚前のシミュレーションということならそれで充分です。

2．お金の分担をよく考える

家賃、光熱費、食費の分担は一度決めたら変更できません。特に相手の負担を上げることは難しいです。彼とあなたの負担を6：4でスタートしたら、あとから「やっぱり8：2にして！」と言ってもそうは問屋がおろさないということです。なのでいまが良ければいいではなく、長期的に見て本当にそれでいいのか？結婚後のことまでよく考えて決めてください。

3．家具・家電の所有権をはっきりさせる

家具・家電を新しく調達するなら、二人でお金を出し合って二人のものとするのではなく、結婚するまでは「これは彼のもの、あれはわたしのもの」と所有権をはっきりさせておきましょう。万が一破局となっても家具・家電の分与で揉めないためです。共同所有にするのは結婚したあとがいいと思います。

4．ご両親の了解を得る

もろもろ全部決まったら両家のご両親に「結婚前提で同棲します」とご挨拶に行きましょう。もちろん菓子折りを持ってね。

わたしも入籍1カ月前に同居を始めたので、この期間が同棲といえば同棲になりますが、同棲を目的にしたわけではありません。入籍日と引っ越し日を調整したら、結果的に同棲期間ができたという感じです。

基本的に見極めということなら旅行と週末同棲で充分だと思います。同棲はどうしてもという場合のみやってください。

16 既婚者の話に一喜一憂しない

既婚者が愚痴っているのを見て「独身で良かった」と安堵《あんど》するのも、ノロケを見て「うらやましい」と嫉妬するのも間違っています。そんな表層的な情報を見て一喜一憂してはいけません。自分は自分の幸せを追求すること。他人は関係ないと肝に銘じましょう。

愚痴にしろ、ノロケにしろ、どちらも大げさに言っているだけなので、3割引きくらいで聞きましょう。特にツイッターなどSNSの場合は、文章力のある人がいいねホイホイで作り話込みで言っているので、5割引きくらいでちょうどいいと思います。いちいち真に受けないこと。ワイドショーでも見てる感覚で聞き流すのが吉です。

婚活が終わった女性の話を聞いてスルッと結果が出てるように見えたら、それはおそらく話をはしょっています。バタバタした部分を見せていないだけ。表では「愛されて結婚しましたウフフ♡」と涼しい顔をしていても、実際のところはわかりません。

そうはいっても婚活を続けていると、思うように進まなくてイライラすることがあります。「結婚できないかも」という不安が襲ってくることもあるかもしれません。結婚しているという一点のみで、既婚女性をうらやましく感じてしまうときもあるでしょう。

そんなときはこう考えてください。

まずあなたは結婚しなくても充分幸せだということです。時間もお金も好きに使えて揉める相手もいない。いまでも満たされてるけど、結婚もできたらいいかもね、くらいに考えましょう。

そもそも「独身が羨ましい！」という既婚者だってたくさんいます。「離婚したいのにできない！」という既婚者もいます。「生まれ変わったら結婚なんかしない！」という既婚者もいます。独身であるあなたも充分、他人から「いいなあ」と思われる立場なのです。ですからご自分の境遇は素晴らしいものだと思ってください。

いまの自分に満足すれば余裕が生まれ、その余裕があなたをより輝かせると思います。婚活も楽しく進められるでしょう。

17 親子ローンを組んでる人

消費者金融やショッピングローンなど、結婚相手の借金の有無を気にされる方は多いと思いますが、盲点なのは親子ローンです。

親子ローンとは「親子リレーローン」「親子ペアローン」とも呼ばれています。実家の建て直しや買い替えなどで親と子が共同名義で組めるローンのことです。なぜ共同名義なのかというと、親に財力&信用力がないからです。親だけではお金を借りられないので、未来ある子どもの信用力を使ってお金を借りるわけです。

親子ローンを組んでいる人と結婚した場合、同居前提は確実なうえ、結婚後に追加ローンが組めない可能性があります。下手すると車も家電も買えない、教育ローンも組めないみじめな生活が待っています。また高確率で、あなたの夫は妻より親のほうが大事という価値観です。

彼氏の実家にお邪魔したとき、妙に新しい立派な家が建っていたら「親子ローンではないか？」確認してください。「へー、綺麗なおうち。これなら同居してもいいかも」などと思って安易に結婚すると、大変なことになりかねません。特に田舎ではよくあることなので注意したほうがいいでしょう。

18 実家暮らしの人

実家暮らしの男性とお付き合いする場合、「結婚したら家を出るつもりなのか？」は最初に確認してください。出るつもりがないなら義家族と同居前提ということになります。

「いまは実家暮らしだが、結婚したら出る。同居の必要はない」と言われてもそれだけで安心しないほうがいいです。**「どうして同居しないと言い切れるのか？」ちゃんとその根拠まで聞きましょう。**

同居家族が経済的、精神的に自立していなければ、たとえ別居できてもあなた方夫婦が援助しなければならないことには変わりありません。その場合、別居のほうがかえって非効率になり、なし崩し的に同居になる可能性も考えられます。

なお、一人暮らしをしている男性でも安心できません。「婚活で実家暮らしは不利」と悟った男性が、一時的に部屋を借りてるだけというパターンもあるからです。実家の近所に住んでいて、母親が料理や掃除をしに来るから、一人暮らしなのに上げ膳据え膳で家事にはノータッチなんてこともあります。ですからマッチングしたら一人暮らし歴も聞いておいたほうがいいでしょう。

実家暮らしにしろ一人暮らしにしろ、男性の家事能力は基本ゼロカウントとしたほうがいいと思います。ある前提ではなく、ない前提で。たとえ家事ができなくてもやっていけそうか？　という視点で考えたほうがいいですね。

19 特定の宗教を信仰してる人

わたしがおすすめしている４つのマッチングアプリには宗教の確認項目はないので、

信仰が気になる方は本人に直接確認するしかありません。

聞くなら告白された直後が一番いいでしょう。結婚前提や身元を確認するついでに「つかぬことをお伺いしますが、信仰している宗教はありますか?」とストレートに質問するのがいいと思います。

遠まわしにチェックするなら、デートで神社やお寺のお参りに誘ってみるとわかることがあります。何か熱心に信仰してる方は、鳥居をくぐらなかったり、参拝をしなかったりします。そうしたら「えっ、どうしたの?」と聞いてみてください。他にもクリスマスの過ごし方や、支持政党を聞けば、わかることがあります。

どこかの信者とわかったら、なぜ同じ信者を選ばないのかも聞いてみましょう。どの宗教にも同じ宗派内でのネットワークがあるはずです。普通に考えたらそのなかで結婚したほうが摩擦も誤解も少ないはず。なぜそこで決めないのか、なぜわざわざ婚活してまで異宗教や無宗教の人とつながろうとするのかは気になるところです。

もし先のお付き合いまで考えるのであれば、お布施についても必ず確認してください。お祈りとか集会の参加とか仏壇の設置は気にならなくても、お布施の金額で揉めることがあります。人柄がよく社会的にも立派に成功している人が、年数百万円単位のお布施をしてるとかよくあります。

20 愛される秘訣

どれだけ素晴らしい外見を持っていて、若くて、賢い女性でも、自分で自分を大切にできない女性は婚活がうまくいきません。

自分で自分を大切にするというのは、自分が自分の一番の味方でいるということです。自分を否定しない、責めない。こんなわたしもいいよね、と認めて受け入れる。するとだんだん心が満たされて「わたしは愛される価値のある人間なんだ」と信じられるようになります。

この一連の流れを最近は「自己肯定感を上げる」とか言ったりします。わたしにいただくいろいろなお悩みを拝見してると、婚活するにあたって一番重要なのは実はこの自己肯定感だとヒシヒシ感じます。

自己肯定感が上がると自分は自分、他人は他人と線引きもできるようになるので、自分より優れてる人や楽しそうな人を見てもなんとも思わなくなります。そして自分を傷つけるもの、自分をぞんざいに扱うものから距離を置くこともできるようになります。すると自然に、同じように自分を大事にしてくれる男性とのご縁ができ始めます。

わたし自身はその辺に転がっている凡庸な中年女性です。ただ婚活中は断固として「結婚するならわたしを大事にしてくれる男性でなければしない。わたしを雑に扱う男性はスルーする」という姿勢を貫いていました。なんとか結婚できたのも、結局この姿勢が功を奏したのでは、と思っています。

お付き合いが始まると男性の態度も変わります。「付き合ってるんだから大丈夫」と思考停止せず、違和感を感じたら目をそむけないこと、彼にしがみついて我慢を続けるようなお付き合いはしないことが重要です。それがすなわち自分を大切にするということです。

とてもそんなふうに思えないというあなたでも大丈夫です。いま自己肯定感が低くても、心がけ次第でいつでも上げることができます。30歳でも40歳でも50歳でも遅くありません。必ずできます。

「わたしは愛される価値のある人間なんだ」という意識を持ちましょう。それこそが愛される一番の秘訣です。

21 妥協すべきか

婚活していると「ここで妥協すべきか？」という場面に直面することがあります。なかなかいいと思う人が現れない、このチャンスを逃したらもう結婚できないかもしれない、だから妥協するしかないのだろうか、と悩んでしまう。

結論からいうと、妥協するくらいなら結婚なんかしないほうがいいと思います。

妥協とは、ただのあきらめです。不満があるけど、不本意だけど仕方ない、我慢して受け入れようという消極的な決断です。そんな気持ちで結婚してもすぐに後悔することは目に見えています。長い人生、我慢なんてそうそう続きません。

ただし譲歩は必要です。譲歩とは理想に届かなかったものに対して愛情でカバーできる自信がわいてくることです。愛してるからゆずってもかまわない、それでうまくいくなら気にしないでいられるという積極的な決断です。

完璧な相手なんていないので、誰と付き合ってもゆずらなければならない点は必ず出てきます。しかし結婚するなら妥協ではなく〝譲歩できる〟相手を選んでください。

では何をどこまで譲歩すればいいのでしょうか？

これはもう人によります。ある人は年収かもしれないし、ある人は年齢かもしれないし、ある人は身長かもしれない。わたしが思うに、スペックは譲歩しやすいファクターだと思います。

難しいのは中身、性格です。意見が食い違ったときに話し合えるコミュニケーション力、意見と事実を区別できる認知力、思いやり、尊重姿勢、礼儀正しさ、素直さ。

こういうのはなるべく妥協しないほうがいいでしょう。性格にひっかかりがあると、いくら物質的にゴージャスな金満ライフが待っていたとしてもストレスがたまると思います。やはり最後は人柄です。

22 隠れヤリモクにご注意

結婚前提で付き合いだしたのに、結婚について現実的な話をするとなぜか男性が離れていくということがあります。これはずばりただのヤリモクだったということですね。

「えっ？ はっきり結婚前提と言われて身元確認もしっかりやって一緒にアプリを退会したのに？」

はい、それでもヤリモクですね。

いわゆる既婚者とかナンパ師的な、最初からセックスを目的にしたチャラいヤリモクではなく、〝隠れヤリモク〟です。**隠れヤリモクとはただヤリたいだけなのか本気で結婚したいのか、区別がついてない精神未熟な男のことを指します。**自分の本音がよくわからないままフラフラ亡霊のように婚活しているのです。

こういう男性、付き合い始めは「オレもそろそろ落ち着きたい。結婚して親を安心させたい。子どもも欲しい」とか言います。これはウソではありません。あなたと出会って「なんて素敵な女性なんだ！ ぜひお付き合いしたい！」と思ったのもウソではありません。

しかし何回か体の関係を持って性欲が落ち着くと「やっぱり結婚怖い！」といって逃げるわけです。「オレはセックスがしたいだけだった」と我に返るんですね。

一見、地味で真面目で優良属性っぽいのにこういう人がいます。他人の時間を奪ってることに無頓着で、自己保身と言い訳だけは大得意。

婚活するときはこういう男と付き合ってロスタイムが発生することも頭の片隅に入れておいたほうがいいでしょう。

「こんなのに当たったら女性はヤリ損じゃん！」と思うかもしれませんがその通りです。ヤリ損です。まあでも仕方ないですね。もし当たったらさっさと見切って次にいくしかありません。

ひとつ参考になるのは、やはり前の彼女の話を聞いてみることでしょう。元カノとなぜ結婚しなかったのか？　それがいまの彼の本質を物語っています。元カノから逃げるように別れた男は高確率であなたとも逃げるように別れます。あるいは元カノに捨てられた男は、同じ理由であなたも捨てることになるでしょう。

23 モテ女性の勘違い

いままでモテてきた女性が、アプリで会ったモテなさそうな男性に雑に扱われたり割り勘にされたりして、「なんで?!」と歯ぎしりすることがあります。

「イイ男にエスコートされ愛されてきたこのわたしが、なんでこんな扱いをされなきゃならないのよ!? あなたたち、わたしとつり合い取れてないじゃない! わたしみたいなイイ女と出会えたんだからもっと大事にしなさいよ! 喜んでご馳走しなさいよ!」と。

意外に思うかもしれませんが、いわゆる**下層の男だからといってモテ女と付き合いたいと思っているとは限りません。**

デートだとか告白だとかめんどくせ〜セックスもめんどくせ〜家も車も子どももいらね〜結婚も興味ね〜向上心なんてゼロ。

そういう彼らにとって、マッチングアプリはただの暇つぶしなんです。暇つぶしだから気を遣う必要なんてないし、お金を出すこともない。そんなだからモテないわけですが、彼らも別にモテたいなんて思ってないんですよね。

下層に甘んじているわけ。下層が心地いいわけ。恋愛をガンバルとか意味ワカランわけ。そうやって非モテループをぐるぐる回っている。

ですからもしあなたが、「妥協すればいつでも結婚できる」などとタカをくっているなら、ちょっと考えを改めたほうがいいと思います。

非モテ男がモテ女に会ったらしっぽを振って尽くすべきなのはその通りなのですが、

そもそもそれをやる動機がない男というのもいるのです。

妥協しても相手が見つからないということはありえます。

24 ハイスペ男性との結婚

「みんなー！ハイスペと結婚したいかー！」

「おー！（こぶしを振り上げる）」

いい返事です。わかりました。ではここでマッチングアプリにいるハイスペ男性についてお話ししたいと思います。

先にハイスペを定義しましょう。ここでは「年収1000万円以上の男性」ということにします。年齢や身長や学歴は問わず、シンプルに年収だけで区切ります。「年収1000万円以上＝ハイスペ」としましょう。

国税庁の民間給与実態統計調査によれば、年収1000万円を超える人は全体の5％しかいません。これは既婚者も含んでいるので、独身となるとおそらく半分以下、1～2％程度と予想されます。つまり100人に1～2人です。奇跡的な数字に見えますが、マッチングアプリにも本物のハイスペ男性はちゃんといます。なので**あなたもハイスペ男性と結婚できる可能性はあります。**

しかしなぜ彼らは独身なのでしょう。普通に考えて１０００万円以上稼げる男性は東京でも充分ハイスペックですから、ちょっとキモいとかちょっと気が利かない程度では女性は手放しません。

にもかかわらずいまフリーということは、ちょっと以上の「何か」があると考えるのが妥当です。同級生や同僚の女性がスルーするに値する「何か」です。

それはいったいなんでしょうか。これまでのわたしの観察を総合するとだいたい以下に絞られます。

●ケチ
●モラハラ
●マザコン（同居前提、実家依存）
●性的不能（ＥＤ、セックス依存症）
●不健康（太りすぎ、喫煙者、糖尿病）

●遊び人（理想高すぎ、結婚願望なし）

つまり相応に残っているだけの理由があるということです。

わたしもいろいろな年収の男性にお会いしましたが、ハイスペ男性は総じて癖が強いです。まるでハリネズミと対面してるかのような尖ったオーラを放っています。逆に年収600万円くらいの男性だと会話はスムーズで雰囲気もマイルド、直近で恋人がいたという話にも納得できることが多かったように思います。

「えー、じゃあハイスペで普通の人はいないの?!」

と思われた方、安心してください。いますよ。「わけアリ以外のハイスペと結婚したい!!」という方にとっておきの方法をお教えします。

それは**彼女と別れたばかり、離婚したばかりの男性を狙うことです。**

先ほども申し上げたように、ハイスペ男性は大人気なので市場に放置されてるなんてことはまずありません。必ず女性がいます。しかし結婚まで至らず別れた男性、あるいは離婚した男性というのがときどきアプリに迷い込んでくるのです。こういう人をつかまえれば、あなたも素敵なハイスペ男性と結婚できます。

ハイスペだからといって女性を見る目があるとは限らないのです。変な女につかまって牢獄で囚人のように生きてるハイスペもいます。ですからそういう人が釈放された瞬間を狙うのです。

ただし瞬間蒸発です。登録したと思ったらすぐいなくなってしまうので、来た！と思ったら猛ダッシュでガブッといってください。そのためには日頃から新規会員に目を凝《こ》らせておき、マッチングから結婚までのプロセスをシミュレーションし、準備運動しておくことが重要です。

「ハイスペと結婚するなら自分がハイスペになればいい！」という人がいます。たしかに自分がハイスペになればハイスペ男性との出会いも増えるかもしれませんが、男性は女性にステータスや経済力はあまり求めてないので、ご縁につながるかというとちょっと微妙なところです。

そもそもスペックなんて一朝一夕には上げられませんし、社会に出てから磨くのでは非効率です。そんなことをしてる間に女性はどんどん歳をとってしまいます。であれば自分の見せ方を磨くか、釣り場を変えるほうがハイスペ結婚への近道でしょう。

25 ハイスペ男性の特徴

では次にハイスペ男性の特徴についてお話しします。

マッチングアプリでは出会って早々、勤務先まで明かしてくる男性はあまりいません。もしいたら、そういう人は企業ブランドや職種で関心を引こうとしている中身に自信のない男性であるケースが多いです。

なので最初のうちは相手がハイスペかどうかは、プロフィールや会話から推測するしかありません。学歴や年収は本当なのか？　どこでなんの仕事をしてるのか？　直球で聞かずとも、態度や会話からあなたの勘が働くようなヒントをいくつか書いてみたいと思います。あなたの手で隠れハイスペを掘り起こしてください。

まずゴニョゴニョトロいハイスペなんていません。ハイスペ男性は基本的に意見ははっきりしており、行動も反応も早いです。ゴニョゴニョトロいハイスペがいたら、テンポラリーハイスペだと思います。〝たまたまいまだけ好条件〟というだけで、じきに下がります。そんな人がハイスペックをずっと維持できるわけないからです。

「研修が長い職業」は難関資格保持者や大企業勤務、つまりハイスペックの可能性が高いです。医者は2年（臨床研修医）、検察官弁護士は1～2年（司法修習）、ほかにも内部研修に年単位かけてる専門職もあります。

また大企業で管理職になるには、昇進研修があり、課長部長クラスだと数カ月に及ぶところもあります。新卒も2～3カ月の研修があり、現場に出るまで時間がかかります。とにかくイチイチイチイチ研修があるのです。仕事で研修の話が出て来たら、深掘りして聞いてみましょう。ハイスペかもしれません。

年収2000万円以上の人は会社員でも確定申告が義務づけされています。アプリで2000万円以上の人に会ったら、「確定申告はどうやってるのか？」聞いてみましょう。即答できなかったらちょっと怪しいです。

仕事で脳みそを使い切ってるハイスペ男性は、プライベートの話は薄くてバカっぽいです。おっぱいと唐揚げが大好きで、映画はスパイダーマンのような単純明快なストーリーを好みます。女性と政治経済だのビジネスだのの小難しい話をする男性は、変に意識高いイキリ系か、現場で承認欲求が満たされてない二流かのどっちかです。ハイスペではありません。

理工系院卒の研究者やエンジニアの方は、文章に論文の癖が出ることがあります。「、」の代わりに「，」、「。」の代わりに「．」を使っていたら、高学歴のハイスペな可能性があります。

エゴンゼンダー、コーン・フェリー、ラッセル・レイノルズ。これらは世界的に有名なヘッドハンティング会社です。声がかかってる人はハイスペの可能性大。「外資系で〜す」な男性に会ったら知ってるか聞いてみるといいでしょう。

経営者の場合、

●人の言うことを素直にきく
●TPOをわきまえてる
●行儀がいい
●常識的
●謙虚

こういう人がいたら、おそらく儲かってません。儲かるタイプはこの真逆です。独善的でマイペースな経営者がいたらハイスペかもしれません。

凄腕《すごうで》ファンドマネージャーである藤野英人さんの著作『儲かる会社、つぶれる会社の法則』（ダイヤモンド社）という本によると、成功している社長は例外なくケチで細かいとあります。経費をどれだけ押さえているか、ケチ自慢をしてくる人もいるとのこと。わたしの印象でも儲けてる人はやたら節税自慢をしてくるイメージがあります。ケチだから儲けてるとは限りませんが、儲けてる人はケチ、というのは言えるでしょう。

フリーランスで「iDeCo《イデコ》（個人型確定拠出年金）」と「小規模企業共済」を満額掛けている人がいたら、その人はちゃんと儲かってます。わたしの試算ですとこの2つは40歳から始めても引退時の65歳時には５０００万円ほどの資産になるので、老後は安心です。

出会ったハイスペ男性が将来出世するかどうか。上場企業にお勤めだったら有価証券報告書を開き、取締役の経歴を調べましょう。するとその会社の出世ルートがうっすら見えてきます。企業によって総務が強い、営業が強い、いろいろあります。役員と同じルートに乗っていたら、彼も出世するかもしれません。

アラサーのハイスペ男性は奴隷のようにコキ使われてることがほとんどです。きっと毎日生き抜くので精一杯でしょう。ＬＩＮＥが来なかったら浮気ではなく過労死を疑ってください。

26 とりあえず産んでおくという選択

子どもを希望して婚活されている方は、迫りくる妊娠リミットに焦りを感じられている方もいると思います。もし本当に切羽詰まっているのであれば、多少見切り発車で産んでしまうというのもアリかもしれません。

というのは国の制度が徐々にひとり親をサポートする方向に整ってきているからです。たとえば２０１９年12月には最高裁が養育費の目安となる「養育費算定表」を16年ぶりに改定しました。増税や子どもの生活様式の変化を反映させてのことで、新算定表では、年収にもよりますが以前より月1～2万円の増額となりました。

２０１９年11月には、兵庫県明石市が不払い養育費を立て替える事業を行政初で実施し話題になりました。支払いに応じない親の名前の公表や行政罰も２０２１年には導入予定とのことです。この取り組みを受け、２０２０年6月には、法務省と厚生労働省が養育費不払い問題の解消に向けた検討会を設置しました。今後は強制徴収の方法についての議論も活発になっていくと思います。

２０２０年4月の民事執行法の改正では、養育費を払わない人の口座や勤務先を照会できるようになりました。これまでは逃げたもの勝ちだった養育費ですが、今後は裁判所を通じて関係機関に情報開示を請求できるようになりました。現在養育費を受け取っているひとり親家庭は４人に１人にとどまりますが、今後は取り立てもしやすくなることでしょう。

また２０２０年4月には、未婚のシングルマザーに寡婦控除が適用されることになりました。これまでは死別または離婚によるシングルマザーしか受けられなかったのですが、今後は婚姻歴にかかわらず適用となります。寡婦控除を受ければ税金が安くなるだけでなく、大学進学の際の給付型奨学金の対象にもなります。

というように、非常にゆっくりではありますが、ひとり親サポートは進んでいます。特に養育費の徴収については前進が見られます。

「いまの彼と結婚していいのか自信が持てない。でも子どもも欲しいし、またイチから婚活をやってる時間なんてない」

と悩んだら、子作り優先で結婚してみてはいかがでしょうか。万が一離婚してしまってもこうした支援があることを知っていれば、少しは心強いかもしれません。

27 楽しいフォトウエディング

フォトウエディングとは、挙式・披露宴の代わりに結婚の記念として写真撮影することです。場所や衣装にもこだわって写真撮影ができるため、結婚式を挙げないカップルにも近年人気だそうです。

わたしたち夫婦も、結婚式の代わりにフォトウエディングをしました。場所は横浜みなとみらいの大さん橋です。ちょっと豪華な旅行に行った程度の料金で横浜港を背景にした綺麗な写真がたくさん撮れたので大満足してます。

ここでは簡単にそのときの様子をみなさんとシェアしたいと思います。

【相談・契約日】

ウエブで来店相談の予約をし、夫と二人で訪問しました。アルバムを見ながら規約や料金の説明を1時間ほど受けて、撮影プラン（洋装か和装か、屋内か屋外か、屋外なら昼か夜かなど）を選んで契約します。

試着日、撮影日もここで決めます。夫婦二人とスタッフのスケジュールを合わせる必要があるので、あらかじめこちらのスケジュールははっきりさせておいたほうがいいでしょう。

翌日、衣装ラインナップがメールで送られてくるので着たいドレス、タキシードに目星をつけておきます。ドレスはイエローやピンクなどカラードレスもありました。

【試着日】

契約から2週間後、再来店します。試着は3着までできますが、週末だったせいかほとんどのドレスが貸し出し中でありませんでした。絶対に着たいドレスがある場合は、貸出が少ないと思われる平日に予約するか、事前に問い合わせたほうがいいかもしれません。

夫が着るタキシードもほとんどなかったので、かろうじて在庫があったもので決定。そでとすその長さを調整してもらいました。

【撮影当日】

新婦9時入り、新郎は10時入り。それぞれ別室でメイク、ヘアスタイルのセットをしてもらい、衣装を着せてもらって完了です。準備は2時間くらいです。

新婦がドレスの下に着るブライダルインナーはオプション料金ですが、オークションで探せば半額ほどの値段で買えるので、使い捨てでも買ったほうが安上がりでしょう。

新郎も新婦も靴はぺたんこだったので、夫婦の身長差はそのまま反映されました。身長差を出すならメンズの靴にインソールを入れるか、自分でシークレットシューズを用意したほうがいいですね。

新婦のボディメイクは、デコルテ・背中・腕を綺麗にしてもらえるのですが、あとで写真を見たら光で飛んでてあまり効果がわかりませんでした。新郎のメンズメイクも同様です。どちらもオプションなのでコストを意識するなら自分でやってもいいでしょう。髪型のセットアップはお願いして正解でした。

ロケ地の大さん橋へは、新郎新婦とメイクさん、カメラマンさんの4人でタクシーで向かいます。撮影はゆっくり移動しながら約2時間行い、259枚の写真が撮れました。みなとみらいやベイブリッジを背景にした写真はもちろん、プロポーズシーンや指輪交換のシーンなどストーリー調の写真も撮ってもらえます。表情やポーズはすべてカメラマンさんが指示してくれるので安心です。

ドレスをマーメイド型にしたので髪型も人魚ぽいイメージにしようとおろしていた

のですが、風で乱れるので撮影のたびに整えねばならず少々面倒でした。屋外で撮影の場合、ヘアスタイルはまとめ髪のほうがいいかもしれません。

撮影終了後、お店に戻って衣装を脱いで支払いをしたら、この日は終了です。

拘束は全部で6時間くらいでした。真夏、真冬だとかなり体力を消耗して疲れるので、撮影日前後は近くでホテル泊してもいいと思います。

【アルバム完成】

撮影から10日後、写真データが届きます。専用サイトにログインして台紙とアルバムに使う写真を選び、レイアウトを決めます。この作業はスマホでもできますが、写真のよしあしを判断するには大きいモニタでチェックしたほうがいいでしょう。セレクト後、2週間ほどでアルバムが届きました。

でき上がったアルバムを持って実家の親に見せに行くと、とても喜んでくれました。42年間生きてて、親の涙を見たのはこのときが初めてでした。我ながら遅すぎですが、ひとつ親孝行ができて良かったなあと思いました。

おわりに

ここまでお読みいただきありがとうございました。マッチングアプリ婚活、いかがでしたでしょうか。「こんなにやることあるの？」と驚いた方、やる気がみなぎってきた方、いろいろいらっしゃることでしょう。

この本を書いていた２０２０年、新型コロナウイルスの世界的な大規模流行が始まりました。前代未聞の緊急事態宣言の発令、日経平均の暴落、東京２０２０オリンピックの延期、企業によるリモートワークの導入、大規模イベントの中止、飲食店の営業規制。

国民には外出自粛が求められ、人と人が会うことが難しくなりました。おかげで婚活にも大きな影響が出ました。やむなく結婚式や披露宴を中止された方もいるでしょう。オンラインデートが主流になってきたのもまさにコロナの影響です。

しかし「ピンチはチャンス」ともいいます。非常事態だからこそ人の本音がよく見えるということもあります。アポをいつどこにするかで、相手の危機意識があらわになったのを実感された方も多いことでしょう。

今後は改めて自分の人生を見つめ直し、本当に大切なものを求め、婚活に臨む人が増えていくことと思います。

結婚して1年以上が過ぎましたが、実は夫にはわたしがトレードしてることをまだ言っていません。先日も「涼子ちゃん昼間ヒマなんじゃないの？ 株とかやってみたら？」と言われてしまいました。

経済音痴でお金のことはよくわからない人、というのが夫から見たわたしです。しかし彼はそんなわたしをとてもかわいがってくれています。なにより「守らなければ！」という騎士道精神を感じます。わたしが欲しかったのはまさにこういう愛でした。念ずれば叶うという言葉を実感する日々です。

ひとつ困ったのは、コロナで夫も在宅勤務が増えたせいで、ザラ場中の取引がやりづらくなったことですね。パソコンにチャートを並べているので、突然部屋に来られるとビクッとします。そんな自粛生活も楽しんでいます。

有名な相場格言に「人のいく裏に道あり 花の山」という言葉があります。利益を得るなら人と同じことをやるのではなく逆の行動をとれ、という意味ですが、これは婚活にも少し通じるところがあります。

幸せはみんなが注目していない裏道にこそある。孤独をぐっと我慢して一人でみんなと違う道を行けば、その先には自分だけが手に入れられる「花の山」が待っているはずだ。

わたしはみなさんに花の山に到達してほしい思いでこの本を書きました。それぞれのメソッドについては極力、なぜそうすべきなのかという根拠と、再現性があるように具体的な方法を記しています。

すべては、まさにわたしが婚活中に知りたかったことです。

最後に本書出版の機会を与えてくださったエクスナレッジ斎藤さん、わたしのわがままに辛抱強く応対してくださったエクスナレッジ加藤さん、見やすく編集してくださった岡田さん、丁寧な校正をしてくださった大熊さん、素敵なイラストを描いてくださったイラストレーター吉岡さんほか関わっていただいたみなさんに深い感謝を表したいと思います。本当にありがとうございました。
マッチングアプリでみなさんに素敵な出会いがあることを祈っています。

涼子

2021年8月

【巻末付録】

アプリ婚活
鉄則ルール13カ条

マッチングアプリで
安心・安全に
婚活するために

「アプリ婚活　鉄則ルール13カ条」は、マッチングアプリで本気で婚活してる男性と出会うために、わたしが50人以上の男性と会って磨きに磨き上げた強力なルールです。

このルールにそえば少なくとも、ヤリモク、既婚者、詐欺師、マルチ、１０００円でいいよ男、割り勘男、暴言男、遅刻男、ドタキャン男には会わずに済むと思います。

誰でも使える簡単なルールですからぜひ活用してください。

1．女性からいいねはしない

女性は男性のプロフに足あとだけつけてください。決して自分からいいねはしないこと。やる気のある男性は自分の足あと履歴は必ずチェックしているので、あなたのことが気になれば必ずいいねしてきます。

2．初回デート費用は「男性がすべて払う」の男性のみ選ぶ

本気の男性は必ず「男性がすべて払う」を選んでいます。「割り勘」「相談して決める」「男性が多めに払う」「持ってるほうが払う」「空欄」はすべて冷やかしです。相手はあなたに気に入られたいとは１ミリも思っていません。

3．写真なし、年収未記入はNG

マッチングは写真と年収が揃ってることは最低条件です。ここを隠す人はうしろめたいことがあり、本気で婚活もしていません。例外として「マッチング後すぐ送る」と書いてある場合はマッチングしてOKです。

4．初メッセージは男性から

最初の1通目は相手の真剣度を見る重要な情報です。タイプの男性からいいねが来たからといって、自分から「初めまして」などと送ってはいけません。必ず、相手から来るまで待っててください。

5．返事を待つのは48時間まで

メッセージが止まって48時間以上過ぎたら脈なしです。興味が薄れたか、他にライバルが現れたのでしょう。あなたが本命の女性なら、忙しくて連絡できないということはありえません。

6. 初アポは誘われたら乗る

あなたから誘ってはいけません。誘ってほしくなったら鉄板フレーズ「○○さんとはまだ文字だけのやりとりですが、とても楽しいです。実際にお会いしても話がはずみそうですね」と送ってください。

7. やりとりは最長2週間まで

メッセージのやりとりは1週間、10往復程度でアポに入りましょう。最長でも2週間までです。それ以上やりとりしても会う話にならない場合、相手は暇つぶしでやってるだけの可能性があります。

8. LINEの交換は「2回以上」会う人限定で

LINEの交換は初アポで「また会いたい」と思ったタイミングでいいでしょう。会う前にLINEを交換するのはおすすめしません。

理由は4つあります。①アプリのプロフが見れない。②ほとんどの人は1回会って終わる。③履歴を削除できない。④既読のアリナシで余計な勘繰りを生む。

9．初アポは面倒な場所を指定する

初アポは男性から見てとってちょっと面倒くさい場所を指定してください。1時間くらいかかる場所だとベストです。女性は男性の都合に合わせてノコノコ出向かないこと。中間地点もダメ。必ず呼び出してください。

10．下ネタやボディタッチはNG

付き合う前に下ネタやボディタッチをされたらそれはヤリモクです。相手はあなたがユルい女かどうか試してるだけなので、すぐ解散しましょう。

11．2回目以降は誘われたら乗る。自分からは誘わない

2回目以降のアポも相手から誘われるのを待ってください。すぐ来なくても2〜3日はのんびり待っていましょう。こちらから誘ってはいけません。

12. 告白されたら確認すること4点

①結婚前提の確認をする。 お互いに「結婚相手を探しています」という意思を確認しましょう。

②交際期限を区切る。 理想は3カ月、長くても6カ月です。期限を区切って、お互い結婚するかしないかを決めると約束してください。半年以上はナシです。

③身元を確認する。 保険証や免許証などを確認し、住所、電話番号はしっかり控えてください。独身かどうか不安がある場合は「独身証明書」も出してもらいましょう。

④一緒にアプリを退会する。 目の前で一緒に退会できるのが理想ですが、すぐ退会できない場合は事後報告でよしとしてください。

13. 違和感としっかり向き合う

交際中の違和感は結婚後に大きな火種となります。目を背けてスルーしたり、我慢してはいけません。気になったことは彼としっかり話し合いましょう。話し合っても解決しないなら損切りする勇気を持ちましょう。

涼子（りょうこ）

1977年生まれ。東京都在住。

40歳で無料のマッチングアプリのみを使い婚活開始。

2年間で500人以上とやりとりし、50人以上と実際に会い、理想的な男性と結婚。

この経験からマッチングアプリで安全に効率よく結婚するための独自ノウハウを確立。ツイッターでアプリ婚活に特化した攻略メソッドの配信を始めたところフォロワー1万人超え。ブログで1000件以上の婚活相談にも回答、恋愛カウンセリングも行っている。本業は株のトレーダー。「株取引もアプリ婚活も同じゲーム。ルールを知り適切な手を打てば必ず結果は出る」と悟る。

ブログ：https://ryoko.xyz/　ツイッター：@ryoko__xyz

マッチングアプリ（無料）で最高に幸せな結婚をする方法
2021年8月17日　初版第1刷発行

著　者　涼子
発行者　澤井聖一
発行所　株式会社エクスナレッジ
〒106-0032 東京都港区六本木7-2-26
https://www.xknowledge.co.jp/

問合先　編集　TEL.03-3403-6796
FAX.03-3403-0582
info@xknowledge.co.jp
販売　TEL.03-3403-1321
FAX.03-3403-1829